図解

建築プレゼンの
グラフィックデザイン

Graphic Design for Architectural Presentation Board

坂牛 卓｜平瀬有人｜中野豪雄
Taku Sakaushi｜Yujin Hirase｜Takeo Nakano

鹿島出版会

はじめに

大学を出てプロとして図面を描くようになったときに最初に言われたことは**「図面で一番重要なことはレイアウト!」**だった。

　それは寝耳に水。そんなことは大学で誰も教えてくれなかったからだ。残念ながら30年前に教えてくれなかったことは今でも教えられていない。加えてレイアウトが最重要であることも変わってはいない。

　レイアウトを大学で教えない理由は、教える原理がきちんと定まっていないからである。**何を教えたらいいのか先生もよくわかっていないからである。**加えて工学部にある建築学科では教えることが多すぎてこういう大事なことを教える時間がないからである。

　そこで背水の陣で学生からプロまで、レイアウトを自習できる本をつくることにした。自習できるということは、原理をきちんと呑み込めてそれを実践できるということである。その意味で本書はありがちなグッドレイアウト集ではないし、レイアウト原則集でもない。

　この本は2章構成である。第1章は**理論**、第2章はその**実践**を学ぶようにつくられている。第1章では理論としてレイアウトの4つの方法とその効果を示す。第2章ではその方法を用いてプロのグラフィックデザイナーが建築家のつくったプレゼンボードをつくり直すという荒技を紹介する。このふたつを学ぶことであなたのプレゼンの感覚は飛躍的に向上するはずである。

　学生のみならず、プロも含めて彼らのプレゼンボード(図面)を見ながら「惜しい」と思うことが多い。内容はいいのに表現がダメなのである。つくっている方は内容がよければいいだろうと思っている節がある。しかしそれは大きな間違いである。表現が稚拙な人は設計者としての能力を疑われるものである。ゆえに「建築プレゼンのグラフィックデザイン」の習得は設計者として生きていくための最初のステップなのである。

———— 坂牛 卓

編集作業のワンシーン。
会議室の床にテープを貼り、即席のマトリクスを作成。
古今東西の膨大なプレゼンテーションを
4つの象限に当てはめていく議論が、
本書の骨格をかたちづくった。

目次

はじめに ———— 03

イントロダクション ———— 06
国内外コンペ事情｜制作環境と制作手法の変遷｜この本の使い方

Chapter 1　理論篇

A　ロジック・ヒエラルキー　Logic / Hierarchy

Lecture　視覚のヒエラルキーに論理を見つけよ ———— 14

Case 1　青木淳建築計画事務所
(仮称)三次市民ホール建設設計業務公募型プロポーザル二次提案書 ———— 18

Case 2　西沢大良建築設計事務所
公募プロポーザルコンペティションKOKUEIKAN PROJECT提案書 ———— 22

B　ロジック・フラット　Logic / Flat

Lecture　フラットな視覚に論理を見つけよ ———— 26

Case 1　古谷誠章＋NASCA
工学院大学八王子キャンパス・スチューデント・センター
設計プロポーザル第一次技術提案書 ———— 30

Case 2　スタジオメトリコ　studiometrico〈Build your own SUKKAH!〉
proposal for SUKKAH CITY NYC 2010 ———— 34

C　センシビリティ・ヒエラルキー　Sensibility / Hierarchy

Lecture　視覚のヒエラルキーを感覚で受け止めよ ———— 38

Case 1　福屋粧子建築設計事務所
長野県塩尻市大門中央通り地区市街地再開発ビル
設計者選定競技第一次提案図書 ———— 42

Case 2　中山英之建築設計事務所
第1回Tea House Competition提案図書 ———— 44

Case 3　ジュリアン・キング＋クリスティーナ・リヨンズ　Julian King + Christina Lyons
新建築住宅設計競技2009応募案 ———— 46

Case 4　岩瀬諒子〈おくじょうのくさむら〉
U-30 Glass Architecture Competition応募案 ———— 48

D		**センシビリティ・フラット** Sensibility / Flat	
	Lecture	フラットな視覚を感覚で受け止めよ	50
	Case 1	北澤伸浩〈紐の家〉 新建築住宅設計競技2006応募案	54
	Case 2	村野哲哉〈Wood Landscape Plan〉 神戸芸術工科大学オープンスタジオ2009応募案	56
	Case 3	岩間直哉＋金塚雄太〈タネ×タバコ〉 SMOKER'S STYLE COMPETITION 2006応募案	58
	Case 4	石上純也〈Little Gardens〉 DEROLL Commissions提案パネル	60

Chapter 2　実践篇

Case 1	O.F.D.A.＋東京理科大学・坂牛卓研究室 多賀町中央公民館建築基本設計委託業務コンペ	64
Case 2	yHa architects＋佐賀大学・平瀬有人研究室 福智町立図書館・歴史資料館設計業務者選定プロポーザル	70
補論		76

付録1：デザイン単位換算表 ——— 79

付録2：グラフィックデザインをより深く知るためのブックガイド ——— 80

おわりに ——— 81

イントロダクション

国内外コンペ事情

建築を志す学生やプロの設計者にとって1枚（あるいは複数枚）の提案書に建築プレゼンをまとめる機会は多いが、とりわけコンペティション（コンペ）への応募は重要な機会だろう。一概にコンペと言っても、学生対象のおもにアイデアを求める「アイデアコンペ」のほか、実施設計を前提とした比較的応募要件の緩い「実施コンペ」、実績と簡単な提案を元に人を選ぶ「プロポーザル」、とさまざまな方式がある。近年応募要件の緩い「実施コンペ」は減りつつあるが、プロポ情報をまとめたウェブサイトによると、2014年度に開催された「プロポーザル」という形式のコンペは900件ほど[*1]あったようである。かように提案書をまとめる機会は多く、当然ながら社会状況や時代の変遷とともに要求される内容は変化してきている。

象徴的な「形」から情報集積型レイアウトへ

国内での戦後のおもなコンペとして思い浮かぶのは「広島ピースセンター」コンペティション（一等：丹下健三、1949年）であろう。とりわけこの時代の建築は象徴性が求められ、コンペにおいてもシンボリックな1枚のパースあるいは模型写真のイメージ、すなわち「形」こそが重要な審査対象だった。そうした傾向は、1960年代の「京都国際会館」（一等：大谷幸夫、1963年）、70年代の「名護市庁舎」（一等：象設計集団、1979年）、80年代の〈湘南台文化センター〉（一等：長谷川逸子、1986年）などに続く。

1995年は阪神・淡路大震災、地下鉄サリン事件、windows95発売というような社会状況のなか、ある種「形」への信頼が揺らぎ、目に見えにくい「情報」や「アクティビティ」と建築をいかに架橋するかという観点への大きな転換期だったのではないだろうか。同年の「せんだいメディアテーク」設計競技はそういう意味で重要なコンペであろう。情報時代における建築の姿として、Amazonの倉庫システムのような形のない提案をした古谷誠章案の投げかけた意味は大きい[図1]。「形の伊東」と「言葉の古谷」と藤森照信は審査評で述べている。また同1995年に開催された「横浜港大さん橋客船ターミナル」国際建築設計競技においてランドスケープと融合したFOAの提案も、強い「形」を志向するものではない。いずれにしてもこうした契機の後の2000年代には「富弘美術館」（一等：ヨコミゾマコト、2002年）、「邑楽町役場庁舎」（一等：山本理顕、2002年）など、話題となったコンペにはいわゆる象徴的な「形」ではない別のアイデアが見られる[図2]。

さらに近年の実施コンペやプロポーザルの提案書を見ると、そうした「形」ではない傾向がより強まっているかのように感じる。主催者側からの環境設備計画・構造計画・コスト削減の方策・ワークショップ開催など、ややポリティカル・コレクトネス的な（ともいえる）要請が重なり、強いシンボリックな「形」よりもロジカルに説明可能な、情報を集積したレイアウトになりつつある。

そうした傾向は社会状況のみならず、提案書を制作する環境の変化にも大きく起因している。デジタル環境が整ってきたことで、設計者はあらかじめレイアウトを検討して図面を描く必要がなくなり、要請される図面・テキスト・ダイヤグラム・

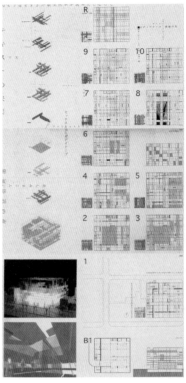

図1：古谷誠章、せんだいメディアテーク設計競技応募案（優秀賞）、1995（A1×3枚）

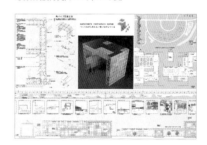

図2：山本理顕設計工場、邑楽町役場庁舎等設計者選定住民参加型設計提案競技応募案（最優秀賞）、2002（A2×1枚）

図3：日本のコンペ情報誌『COMPE & CONTEST』（ギャラリー間）

模型写真などを提出直前に提案書に押しこめば何とかなるようになった。1987年から99年にかけて年5回のペースで発刊されたコンペ情報誌『COMPE & CONTEST』（ギャラリー間）[図3]からはまさにそうした時代変遷の状況が伝わってくる。

市民から期待される建築家の職能と「形」

一方、海外に目を向けると、スイスには*hochparterre.wettbewerbe*誌[図4]、ドイツには*wettbewerbe aktuell*誌のようなコンペ雑誌があり、それらを眺めると話題となる建築がコンペによって生まれていることがよく分かる。招待コンペでないかぎり、民間公共を問わず多くのプロジェクトへの門戸が開かれ、市民社会のなかで建築家の職能が期待されている様子が伝わってくる。スイスは九州とほぼ同じ、約41,300 km²の国土面積をもつ、人口約790万人ほどの国である。そんな小さな国にもかかわらず、年間200ほどのコンペが行われているという。話題となったコンペやプロジェクトは建設の是非をめぐって新聞に市民インタビューが載るなど一般の人びとの間でも日常的に話題となる。2004年にコンペで当選を果たしたザハ・ハディドによる〈Neuen Stadt-Casino Basel〉（バーゼル市コンサートホール）は、当選案の建築がどれくらいの高さや形になるかを建設予定地で原寸大のフレームを組んで検証したり[図5]、模型や完成予想図を掲載したフリーペーパーを配布するなどしたのち、ついには国民投票によって建設中止の事態となった（スイスは世界でも珍しい直接民主制をとっており、民意は国民投票を通じて反映される）[図6]。

図4：スイスのコンペ雑誌「Hochparterre wettbewerbe」（HOCHPARTERRE AG）

図5：Neuen Stadt-Casino Basel
ザハ・ハディド案・原寸大のフレームによる検証

このようなコンペ雑誌を眺めるとほとんどの提案に、1/500程度のスケールの石膏敷地模型にそれぞれの提案する建築のボリュームを置いた模型写真と、アイレベルの敷地写真を用いたフォトコラージュが見受けられる。ときには矩計図までもが提出物として要求されていることもある。日本のようにやや曖昧なスケッチでセンシビリティに訴えかけるような絵がほとんど見られないのは、象徴性とまでは言わないまでも、「形」への信頼、あるいは都市のなかでどのような「形」がありうるか、という点が依然として社会から求められているからであろう。

スイスでは、A1用紙1枚に全情報を盛り込む、という形式のコンペは少なく、A1あるいはA0用紙複数枚の提出が求められていた。複数枚という要因もあるだろうが、しばしば建築家はグラフィックデザイナーと協働し、図面配置はもちろんのこと、文字情報のレイアウト、色調のコントロール、といったところにも腐心し、建築プレゼンをまとめている。さらには、コンペのスタディ段階においてもグラフィックデザイナーとともに建築デザインのアイデアを共有するなど、かように建築をめぐる国内外の社会状況の相違が、コンペの建築プレゼンにおいても異なった位相を持っているのだ。

図6：Neuen Stadt-Casino Baselが国民投票で否決されたことを報道する新聞記事（新聞「Baslerstab」2007年6月18日）

*1：ウェブサイト「コンペプロポドットコム」の情報をもとに集計
(http://www.compe-propo.com)

制作環境と制作手法の変遷

建築家とグラフィックデザイナーとの協働は歴史的に見ても数多く試みられてきている。国内でも磯崎新と杉浦康平（雑誌『都市住宅』）、黒川紀章と粟津潔（メタボリズム）など、建築におけるプロセスを可視化する、または建築家の思想を視覚的に表す際に、そのなかに含まれる多層的な情報を適切にヴィジュアライズできる、グラフィックデザイナーの役割は大きかった。今日でもそのような協働は行われているが、海外と比べて国内では比較的に少ないように思われる。その理由に、制作環境（DTP）と制作手法（グリッド・システム）のふたつからの影響がおもに背景にあると考えられる。

制作環境（DTP）

私たちが現在日常的に行うコンピュータでの制作環境が国内に導入されたのは、アップル社の「LaserWriterII NTX-J」が発売された1989年と言われている。この当時はモリサワの2書体しかフォントが搭載されておらず、現在の制作環境から比べれば驚くほどに未熟なものだが、違う観点から見れば、これほどの短期間で一気にグラフィックデザインを誰もが自由に行える環境へと進化したと言える。このようなデジタル環境での制作がDesktop Publishing（DTP）と称されたとおり、専門家への発注を通さなくとも、机の上で本づくりの一部始終が完結できることを意味している。これにより、それまでグラフィックデザインにおいて高い技術や経験を求められた版下制作の必要がなくなり、質はさておき素人でも手軽にグラフィックデザインを手がけることが可能になった。一方で、ほぼ同時期に建築界ではCADで図面を描くことが一般化しはじめており、分野問わずデジタル・アプリケーションを用いたドローイング、レイアウトのリテラシーが急速に普及していくことになる。

制作手法（グリッド・システム）

制作環境の変化とともに一般化されたのがグリッド・システムという制作手法である。グリッド・システムとは、レイアウトを行う際にある一定の秩序にもとづいた格子（グリッド）を設定しておき、そのモジュールに合わせて視覚要素を配置していく合理的な手法であるが、この手法の発展に大きな影響を与えたのが、「スイス・タイポグラフィ」と呼ばれるグラフィックデザインの様式だった。

この様式を牽引した代表格と言えるのがヨゼフ・ミューラー・ブロックマンとエミル・ルダーのふたりのグラフィックデザイナーである。ヨゼフ・ミューラー・ブロックマンが記した書籍 Grid systems in graphic design では、自身の作品集も兼ねたグリッドの基礎概念と方法論が展開されている［**図7**］。文字サイズを最小単位のモジュールとして設定し、正倍数で行長／行間／マージンなど、さまざまな要素を構成するという考え方である。それは空間構成まで展開し、あらゆる情報を一貫した秩序のもとで統合することを論じている。

一方でエミル・ルダーは、ブロックマンのような数学的な整合性を求めるの

図7：Josef Müller-Brockmann, *Grid systems in graphic design*, Verlag Niggli AG, 1981.

図8：*Neue Gragik / New Graphic Design / Graphisme actuel*, No.1, Verlag Otto Walter AG, 1958.9.
（上：表紙、下：紙面）

図9：Emil Ruder, *Typographie*, Verlag Niggli AG, 1967.

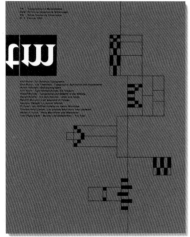

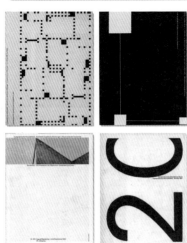

図10：*TM* [Typographische Monatsblätter], Fédération suisse des typographes
（上：1952.2、中左：1955.10、中右：1955.4、下左：1964.08/09、下右：1967.10）

は異なり、二次元平面という物理的な制約を乗り越えるかのように、空間的で動的なダイナミズムを生み出すことを理念とし、新たなタイポグラフィの可能性を追求していった[**図9**]。ブロックマンはスイス・タイポグラフィのなかでも「チューリッヒ派」と呼ばれ、ルダーは「バーゼル派」と呼ばれる二大潮流を形成し、のちにこのような方法論は「インターナショナル・スタイル」と呼ばれる国際的な様式へと発展し、一時代を築くようになる。

図8はチューリッヒ派の代表作と呼ばれる *Neue Grafik* 誌であるが、すべての要素が一定の秩序を元にレイアウトされ、整然とした美しさと情報の読み取りやすさが強調されている。一方で**図10**のバーゼル派であるエミル・ルダーがデザインした *Typographische Monatsblätter* 誌は、グリッド・システムをベースとしながらも、そこにリズムや遠近などが取り込まれており、感覚に訴えかけるような躍動感をもたらしている。方法論に違いはあるものの、内容を適切に視覚化する姿勢は一致しており、両者の違いはむしろグラフィック表現における多様な側面として見ることができる。また両者に共通しているのは、フランス語、ドイツ語、イタリア語の3つの言語を公用語として同等に扱う地理的条件に対して、複数の言語を同列に優劣なく表記するという事情が背景にある。つまりグリッド・システムがもたらす合理性への希求は、多様な情報をあらゆる媒体を通していかに適切にユーザーに届けるかという問題意識にもとづいていたのである。

日本語の組版特性

このような事情を抜きに、日本ではグリッド・システムが受容され、運用されている側面がある。アルファベットは字種ごとにプロポーションが異なるが、日本語の場合はどのような字種でも正方形で統一されている。つまり、格子に合わせて左右幅を揃えて文字を組むことに不利なアルファベットに対し、日本語の場合はグリッドと非常に相性が良いと言える。そのため、日本語を組むうえでグリッドは都合の良いシステムであり、DTPの普及と相まって生産性の高い手法として認識されていったのである。またこの時期の日本はバブル経済へと突き進む時代でもあり、DTPもグリッド・システムも、増大する印刷媒体の需要とそこで求められる消費速度に合わせた、効率性に応える万能なツールとなっていった。

このような背景が複雑に絡み合い、グラフィックデザインの専門性に頼らなくとも、制作環境（DTP）と制作手法（グリッド・システム）さえあれば、あとは自前の構成力と感性に即して自由にグラフィックがつくれてしまうという錯覚が起きているように考えられる。このような現象は建築のコンペ案にかぎらず、さまざまなグラフィックデザインでも数多く見受けられるが、これらはあくまで私たちがグラフィックデザインを行ううえでのベースのようなものであり、そのベースを活かすか否かは、つくり手次第でいかようにでもなる。建築が伝える豊かな思想や機能を適切に視覚化するためには、「制作環境・制作手法」と「作り手の感性」の間にある、さまざまな視覚表現の理解と選択、内容に即した視覚効果への深い考察が重要なのである。

この本の使い方

グラフィックテクニックを選ぶ

本書は建築を志す学生からプロの設計者まで建築プレゼンテーションを行う人たちが心得ておくべきことがらを解説する本である。もちろんそのような書はすでに数多くあるのだが、それらは主として基礎的なグラフィックテクニック、あるいは有名建築家あるいはデザイナーのグラフィックテクニックを解説するものである。しかしこれらの書においてはそのテクニックのめざすところ、そのテクニックから得られる効果についての説明が不足している。そこで本書は単にテクニックを紹介するのではなく、テクニックの差を生み出す考え方の差を示すことに重点を置いている。そしてその考え方の差によって生じる効果の差を明確にすることで、読者が自らの必要な効果を得るために必要なテクニックを選べられるように考えている。

ふたつの軸

グラフィックを生み出す考え方は大きく4つに分けることができる。それらは右図に示すマトリクスの4つの象限で示される。このマトリクスは横軸がヒエラルキカルとフラットを両極にもつ視覚効果の軸で、縦軸がロジックとセンシビリティを両極にもつ意味効果の軸である。それぞれもう少し丁寧に説明しよう

  1 横軸：視覚効果軸 フラット⟵⟶ヒエラルキー

  ヒエラルキーとは画面上に視覚的な塊（ゲシュタルト）が認められ、それらに大きさや色や明るさの差による階層性が生じているものである。一方フラットとは画面上に現れる視覚的な対象が均等に並んでいるか、視覚的対象が見出せないような画面の呼び名である。昨今の2次元表現はモダニズム絵画に影響を受けている。つまり前世紀の2次元表現の特徴であるヒエラルキーを喪失したフラット（多焦点）なデザインが、現在の2次元表現の一翼を担っている。総じて現在のグラフィックは、視覚的にはヒエラルキー⟵⟶フラットを両極とする軸の上に位置づけることが可能である。

  2 縦軸：意味効果軸 ロジック⟵⟶センシビリティ

  これに対して縦軸はロジック⟵⟶センシビリティという軸である。ロジックとは画面上の視覚的対象が論理的に関連性を持つように配され、あるいは記号を用いてその論理性が示されることで、画面全体がある意味を持つように意図されているものの呼び名である。一方センシビリティとはそうした論理性を読みとることが難しく、論理ではなく感性でその画面の意味を感得するように意図されたものの呼び名である。つまり建築のプレゼンテーションは意味伝達のために図、記号、言葉を駆使し、論理的構成を内包するのが常である。しかし一方でそれは詩や絵画のように感覚に訴えるものでもあり、受容者側の想像力をかき立てるように論理性をあえて捨象する場合もある。それはそのグラフィックのめざす目的とターゲットに依存する。すなわち個々のグラフィックはロジック⟵⟶センシビリティを両極とする軸の上に位置づけることが可能となる。

```
          ロジック
            ↑
  B                    A
ロジック・フラット        ロジック・ヒエラルキー
ゲシュタルトにヒエラルキーがあり相互に論理性がある   ゲシュタルトにヒエラルキーがあり相互に論理性がある

  ●←therefore●←because●              ●←so ●←and ●
       ↓then    ↓and   ↓and                ↓and      ↓and
  ●←but  ●←or   ●                    ●←so ●←or  ●

フラット ←─────────────────┼─────────────────→ ヒエラルキー

  D                    C
センシビリティ・フラット    センシビリティ・ヒエラルキー
ゲシュタルトはフラットあるいは認識できず    ゲシュタルトにヒエラルキーがあり相互に論理性はない
相互に論理性はない

  ●     ●     ●              ●        ●     ●

  ●     ●     ●              ●        ●     ●

            ↓
        センシビリティ
```

4つの方法とその効果

このようなマトリックスを設定してさまざまな事例をこれら4つの象限に分類してみるとふたつの傾向が見えてくる。ひとつは実施プロポーザルなどでは実現可能性、機能性などを的確に伝える論理性(ロジック)が必須であり、ロジック・ヒエラルキー、あるいはロジック・フラットに分類される傾向が強い。ふたつめはアイデアコンペなどでは実現を前提にしない分だけより感性(センス)のインパクトも必要であり、センシビリティ・ヒエラルキー、センシビリティ・フラットに分類されるものが多い。

そしてそのロジックとセンシビリティを表現するうえで、ヒエラルキカルな構成かフラットな構成とするかは表現者のデザイン志向によって選ばれているが、ヒエラルキカルなものの方が論理性は生みやすい。整理すると4つの象限の性格は次のように想定される。

　　A　　ロジック・ヒエラルキー型―――実施向き
　　B　　ロジック・フラット型―――――実施向き(やや稀)
　　C　　センシビリティ・フラット型―――アイデア向き
　　D　　センシビリティ・ヒエラルキー型―アイデア向き

本書は12の建築プレゼンテーション(実施プロポ、アイデアコンペ、ドローイングなど)を上記4つの方法のどれに相当するかを見きわめたうえで、A、Bについては、何をどのような論理のメカニズムで示しているかを明らかにする。一方C、Dに関しては感覚的に感得される内容は何なのか(感覚的な問題であるから私たちの解釈が必ずしも制作者のそれと合致するかどうかは定かではない)を示してみようと思う。このような分析を通して、上記A～Dの特性を示したいと思う。これが本書の第1章である。第2章ではグラフィックデザイナー中野豪雄により、実際に提出されたふたつのプロポ案をつくり替えてお見せしたいと思う。一体全体同じ案がどれだけ異なって見えるのだろうか？　その差を体感することで読者は自らの目的、効果に合わせて自らがするべきグラフィックの方法やテクニックを選ぶことができるようになるだろう。本書の最終的な目的はここにある。

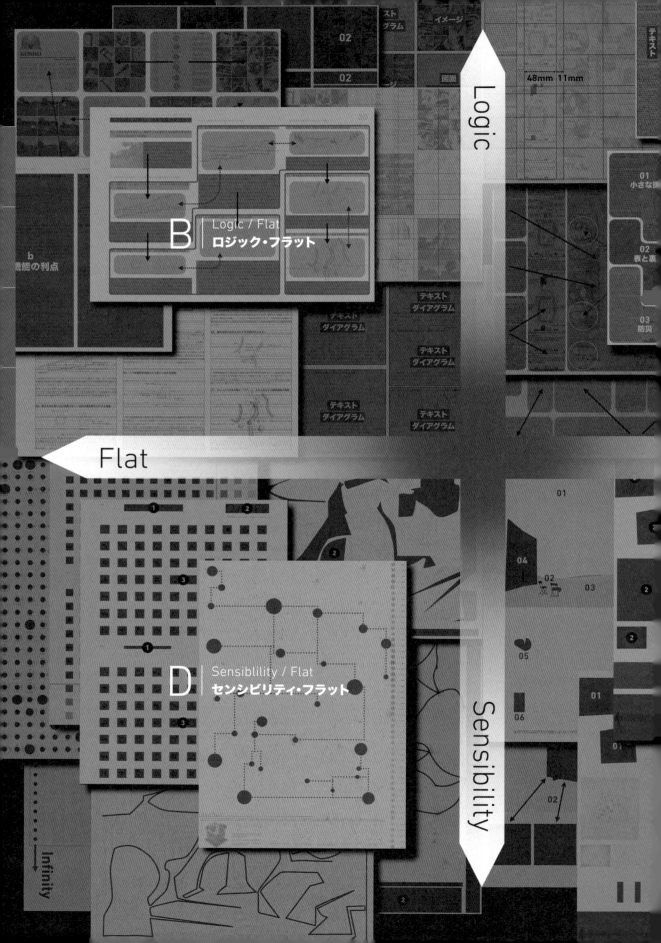

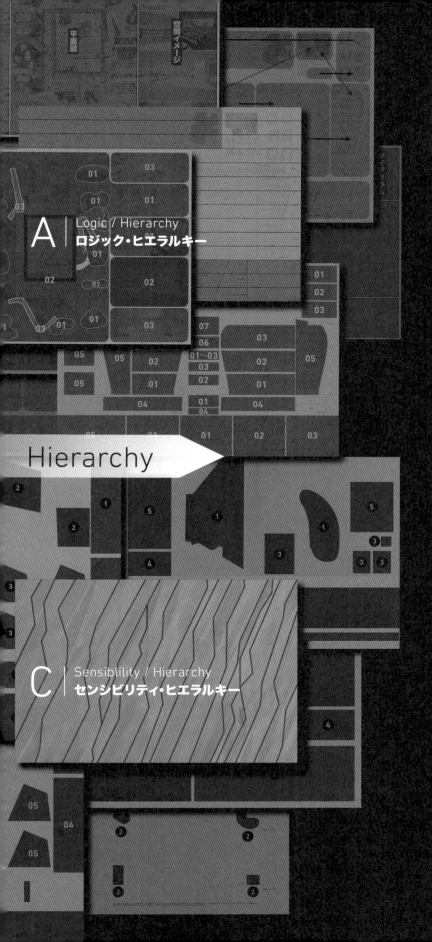

Chapter 1

理論篇

　1章ではイントロダクションで分類した4つのジャンル（A:ロジック・ヒエラルキー型、B:ロジック・フラット型、C:センシビリティ・ヒエラルキー型、D:センシビリティ・フラット型）ごとに、特徴が顕著な建築プレゼンテーションを分類し、それらがどのような構想を元にレイアウト・表現を行っているかを分析する。

　AからDまでの冒頭には、それぞれのジャンルに該当する絵画やポスターなどの視覚的な事例、および聴覚・味覚・嗅覚・触覚といった人間の五感それぞれの事例を分析した坂牛卓による論考を収録した。その後に、それぞれのジャンルを代表すると思われる建築プレゼンテーションの提案パネルを、ロジック型はA・Bは2事例ずつ、センシビリティ型はC・Dは4事例ずつ分析する。ロジック型は論理展開がどのように提案パネルに反映されているかを、「グリッド」「ゲシュタルト」「コンテンツ」「ロジック」の視点から解説する。ある意味で見る者の推測の域を出ないセンシビリティ型の分析は、簡単な分析とともに事例を多く紹介する。（平瀬）

A Logic / Hierarchy
ロジック・ヒエラルキー

Lecture

視覚のヒエラルキーに論理を見つけよ
坂牛 卓

図1：Claude Lorrain, Capriccio with Ruins of the Roman Forum, 1634
クロード・ロラン〈ローマ建築の古跡とカプリッチョ〉

図2：Johannes Vermeer, De astronoom, 1668
フェルメール〈天文学者〉

図3：オスカー・ニーマイヤー〈ブラジル国民会議議事堂〉（1959年）

このジャンルに分類されるグラフィックとは画面上にゲシュタルト的まとまりがあり、まとまりに視覚的な階層性があるグラフィックグループである。イントロダクションで示したとおり、建築グラフィックとは基本的に見る側の勝手な推測と感受性で想像を張り巡らすものではなく、設計者の意図を可能なかぎり一義的に理解されることを望みながら作成している場合が多い。とくに実施を前提としたプロポーザルやコンペにおいてはその傾向が強く、正確に主張が伝わるように工夫されている。そうしたグラフィックの特徴を理解するために少々遠回りだがグラフィック以外の例を挙げながら説明してみたい。

グラフィック以外のロジック・ヒエラルキー

絵画──フェルメール

遠近感のある風景画（たとえばクロード・ロラン）はロジック・ヒエラルキーに分類される［**図1**］。遠景、中景、近景という3つのまとまり（ゲシュタルト）がはっきりとしており、そのまとまりの関係（遠近という）が読みとれるからである。またフェルメールの〈天文学者〉では人物が中心的なテーマとなり、人物とその人物が扱う物体（天球儀）がそれぞれ図として浮かび上がっている［**図2**］。そして物が主人公の職能を示すことで絵画のテーマが伝えられる。その意味でこの絵画も同じジャンルの事例と言えるだろう。

都市計画──ブラジリア

都市計画にも同様なタイポロジーが当てはまる。たとえば近代都市計画は用途ごとに都市を分割して秩序をつくろうとした。それを最も明確に行った一例として人工都市であるブラジリアを見てみよう。ブラジリアでは行政の建物が並ぶ中心軸の端点に議会がおかれ、中心を象徴化する［**図3**］。一方、その中心軸と直交方向に飛行機の羽のように湾曲する居住地域が広がっている。この「図」としての建物用途のまとまりは基本的には地図上で見えてくる話であるが、同種の建物が群を成している様子は車で移動すればすぐに感ずることである。そしてその群と群の機能的関連性も推測される（働く場所と住む場所、など）。つまり建築群（図）が認識され、その群間の関連性（ロジック）が読みとれるという意味でこれもロジック・ヒエラルキーとしての性格を感じとれる対象といえよう。

音楽──運命

次に聴覚で考えてみよう。音楽においても音のヒエラルキーが顕わになる場合がある。たとえばベートーベンの「運命」（交響曲第5番）を思い出してみよう。最初にあの有名な「ジャ・ジャ・ジャ・ジャーン」というテーマの4つの音が響く［**図4**］。この4つの音が私たちの耳に音の塊（ゲシュタルト）として残存するのは、この4つの音がたった2小節という短い時間のなかに響くからである。こんな短いテーマは運命以外にあるのだろうか？ 短いから図として強く浮かび上がるのである。これが同じベートーベンでも交響曲の第6番「田園」になるとテーマは4小節となって倍になるのである［**図5**］。その分だけテーマとしてのまとまりは欠けていくことになる。さて「運命」はソナタという形式

図4：ルートヴィッヒ・ベートーヴェン
「交響曲第5番ハ短調 運命」
（1808年初演、WIKIMEDIA COMMONSより）
Ludwig van Beethoven [Symphony No.5 in C minor],
premiere in 1808.

図5：ルートヴィッヒ・ベートーヴェン
「交響曲第6番ヘ長調 田園」
（1808年初演、free-scores.comより）
Ludwig van Beethoven [Symphony No.6 in F major],
premiere in 1808.

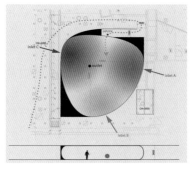

図6：MAKI UEDA＋ヨコミゾマコト、
インスタレーション「白い闇」図面（2013年）

図7：視覚障害者誘導ブロック

＊atelier MAKI UEDAウェブサイトより
http://www.ueda.nl/index.php?option=com_content&view=category&id=291&Itemid=835&lang=ja

を持っている。ソナタ形式は提示部、展開部、再現部で構成される。簡単に言えば、最初のテーマが変奏されて再度テーマが現れるのである。「ジャ・ジャ・ジャ・ジャーン」は変奏されながら繰り返し登場する。その意味でこの4音とその間（変奏）の関係性（変奏という論理）はロジック・ヒエラルキーな構成として理解されるのである。

食事──カレーライス

味覚においても味の塊（ゲシュタルト）というようなものを想定することができる。カレーライスとコーンポタージュスープを比べてみよう。カレーライスはニンジン、ジャガイモ、肉などの具があり、そしてそれらの間にルーが存在する。一方コーンポタージュスープには具というものがない。具がルーのなかに漂っているというのがカレーライスの特徴である。そして食べながら私たちは具の一つひとつを口のなかで味わうことになる。これはジャガイモ、これはニンジンというふうに、そしてそれらがルーと絶妙な味のコンビネーションを生み出すことを感じとる。もちろんグルメのなかには、たとえコーンポタージュスープのようにひとつの液体と思われるもののなかにも、その成分（コーン、ジャガイモ、タマネギ、牛乳、バターなど）を一つひとつ感じとれる味覚の持ち主もいる。しかし一般的には、食物の最終的な物理的境界線が味覚の境界線にもなっている。そして具同士の辛味、甘味などを感じとりながら、その組み合わせの整合性（論理）を感じとるのではないか。とすれば、そこにも味のゲシュタルトとその論理があるわけで、味覚のロジック・ヒエラルキーの存在を確認できる。

匂い──Maki Ueda & ヨコミゾマコト

2013年に、ヨコミゾマコトが嗅覚のアーティストMaki Uedaと〈白い闇〉というインスタレーションを行った。そこでは学校の教室くらいの部屋に靴を脱いでひとりずつ入る。なかはほとんど見えずに壁を伝いながら歩く。どこからか匂いが噴霧され、それがどこかに吸引される。すると空間のある部分に匂いの塊が発生する。つまり、ここには匂いのゲシュタルトのようなものが生まれており、歩行者はそれを感じとるのである。Maki Uedaは次のように説明している。「みずからを匂いに委ね、嗅覚を頼りに空間を歩いてみてください。匂いが空間をナビゲートしてくれます。普段は主に視覚が使われますが、この空間では嗅覚が主役です。（中略）この空間には、3つの匂いを使って、目には見えない「立体画」を描きました。あたかもRGB（赤緑青）の三原色がモニター上で鮮やかな映像を映し出すかのように。この空間は、匂いの色彩で満たされています［図6］。どことして同じ色は存在しません」＊。つまり3つの匂いのゲシュタルトが歩行者の記憶のなかに植えつけられながらベクトルとして機能している。ここには匂いのゲシュタルトの関係がある方向性（ベクトル）を持ち、誘導という機能につながっている。ここでも嗅覚のロジック・ヒエラルキーの存在を確認できると思われる。

足裏感覚──視覚障害者誘導ブロック

触覚の話をするなら視覚障害者誘導ブロックはわかりやすい。道路、通路という地の上にいくつかの種類のブロックを並べることで、ここを歩いてここで止まれという指示を足の裏の触覚を通して伝達している［図7］。このブロックは足裏触覚のゲシュタルトを構成している。そして異種ゲシュタルトは止まれ、滞留、歩くなどの運動を指示する機能を持っている。

以上のように、人間の五感それぞれの事例を分析したのはそれぞれに感覚の塊があり、それらは視覚でいうところ

図8：東京オリンピックポスター
（デザイン：亀倉雄策、1964年）

図9：展覧会ポスター「ANTIPODAS 10」
（デザイン：信州大学坂牛研究室、2010年）

のゲシュタルトと近い概念として捉えることができるだろうと考えたからである。本書はあくまでグラフィックの本として視覚中心に語るものであるが、建築設計における他の感覚への応用可能性を探る意味は大きい。加えて視覚の理解を深める意味で、他の感覚器官との共通性を認識しておくことは重要と思われる。

ポスターに学ぶ

さて本題の視覚に戻ってみる。建築プレゼンテーションが直接的に最も参考にしやすい事例は、なんといっても兄弟であるグラフィックデザインである。なかでもポスターは最も参考にしやすい。筆者は大学での製図の授業の最初に自分のコンセプトをポスターにしてもらっている。そしてそのポスターのつくり方だが、ポスターやメニュー、チラシなどのデザインがたくさん載っている本を学生に配り、そのなかから好きなデザインをひとつ選び、その色、構成、フォント、フォントサイズを変えずに内容だけを自分のコンセプトに入れ替えよと指示する。つまりデザインをしないでコピーするように指示している。当たり前の話だが、プロのつくったポスターはヴィジュアルプレゼンテーションとして考え抜かれているのであり、建築のプレゼンテーションへの応用は大いに可能なのである。

ポスターの構成も最初の分類である4つの方向性があるので、ここではロジック・ヒエラルキーに則ったデザインを分析してみたい。そこでまず視覚的にヒエラルキーをつくるうえで必要な図のつくり方を考えてみよう。ゲシュタルト心理学のなかで図を生み出す方法としてプレグナンツの法則がある。これはゲシュタルト的なまとまりが現れる場合のものの構成のタイポロジーを提示するものである。それらは1.近接（近くにあるものはまとまる）、2.類同（同じ種類はまとまる）、3.閉合（とじた形はまとまる）、4.良い連続（連続性のあるものはまとまる）となっている。この法則に自らの経験も交えながら図の生まれ方を見きわめ、図と図の関係性について分析してみたい。

副詞型1

A is in B and C

1. 図のつくり方
・背景に対して異色であること
・近接性、類同性
2. 図の関係
・場所と時間

このポスターは1964年の東京オリンピックのためのもので亀倉雄策のデザインである［図8］。日の丸は背景の白との色差によって浮き出ている。またその下の五輪、さらに下の「TOKYO1964」の文字は近接性、類同性（輪っか、ローマ字、数字）がつくるまとまりによって図として浮かび上がる。そして五輪が主語となり、日本と東京は場所を、1964は時間を示す副詞句の関係になっていることが伝わる。

副詞型2

A is done during B, by C, in D

1. 図のつくり方
・近接性、類同性
2. 図の関係
・説明

このポスターは2010年に信州大学でアルゼンチンの建築家ロベルト・ブスネリを招いて行ったワークショップ、展覧会、講演を告知するものである［図9］。この画面では文字の集合、あるいは写真、地図の集まりが近接性、類同性で図となって浮かび上がっている。そしてそれは最上部にあるこのポスターのテーマである「antipodas 10」（2010年地球の裏側展）のスケジュール、ワークショップ指導建築家、場所などを説明する副詞句になっている。

図10：ポスター「Dear You — 神戸」(神戸市発行、2002年)

等式型

1. 図のつくり方
- 特異な形、類同性、近接性
2. 図の関係
- 等価

このポスターは神戸市が観光客を対象に街をPRする目的でつくったものである[図10]。神戸の象徴的な建物である神戸ポートタワー、ホテルオークラなどが六甲山脈を背景にスカイラインを構成している。そして近景にはこうした施設のシェフやガイドなどが神戸へどうぞというそぶりを見せている。シェフやガイドはユニフォームを着ることでその職能とそのサービスを見る側に伝えている。つまりここでは背景のスカイラインが神戸であることを明示し、そこに来ると写真のなかの人によるサービスを受けられますということを伝えている。つまり神戸＝各種サービスという等号関係を示していることになる。

分析対象

さて次ページ以降から実際の建築プレゼンテーションの事例分析に入るのだが、このジャンルの例としては青木淳の三次市民ホールプロポーザル[図11]と西沢大良のKOKUEIKAN PROJECTプロポーザル[図12]のふたつのグラフィックを取り上げてみたい。

まず青木のグラフィックを見るとわかるようにA2ボードは横に使われて、縦方向に大きく4つのゲシュタルトを確認できる。さらにその4つのなかに複数のゲシュタルトを見出すことができる。その詳細分析は後に譲るとして、ゲシュタルトが認識できることはこの図から十分理解可能である。文字が多用されているのでそのゲシュタルト感に論理的な関係性があるだろうとも容易に想像できるのである。これは西沢のグラフィックにおいても同様である。このA2ボードも横に使われ、そのなかに文字のゲシュタルトと図面のゲシュタルト、パースのゲシュタルトがあり、その大きなゲシュタルトのなかに青木案同様小さなゲシュタルトが見出せるのである。このふたつにかぎらずプロポーザルのボードは狭い紙面のなかで過不足なく主催者の問いへの解答を示さなければならない。そこで完結に伝えたいことをまとめて瞬時に理解させることが必須なのである。そのためにはゲシュタルト間の論理性が瞬時に理解されなければいけない。このふたつの案が最優秀案となったのには、案の良さに加えてボードの構成（ロジック・ヒエラルキー）の持つ強さも大きな役割を演じているはずである。

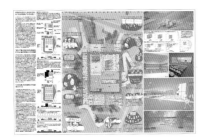

図11：青木淳建築計画事務所、
(仮称)三次市民ホール建設設計業務公募型プロポーザル最優秀賞受賞案(2011年)

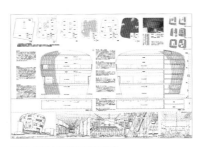

図12：西沢大良建築設計事務所、
KOKUEIKAN PROJECT最優秀賞受賞案(2006年)

A Logic / Hierarchy
ロジック・ヒエラルキー
Case 1

青木淳建築計画事務所
三次市民ホール建設設計業務公募型
プロポーザル1次提案書
（最優秀賞、2011年）

プロポーザル概要
プロポーザル参加：35組
提出物：A2用紙1枚（横使い）

建築概要
敷地：広島県三次市
延床面積：約6,000m²以内
用途：ホール（1000席）・サロンホール（150人収容）・スタジオ群

建築設計条件

1. 三次市のメインホールとする。
2. 多目的な利用に対応できるホールとする。
3. 舞台芸術の鑑賞から、日常的な市民の創造・交流の場とする。
4. 環境にやさしいホールとする。

- 三次市の芸術・文化の発展、まちづくりに貢献する、三次にふさわしい市民ホール像についての提案
- 基本計画において求められた諸機能を当該敷地において実現する方法の提案
- 環境への配慮、設計業務の推進体制等を含め、特に重要視するべきと考える独自の提案

グラフィックに関する条件

- 文書を補完するための最小限の写真、イラスト、イメージ図は使用してよいが、設計の内容が具体的に表現されたものではないこと。
- 図案の種類や縮尺の指定はないが、詳細な表現は避けること。
- 文字のフォントは、10.5pt以上とすること。

市民がにぎわう、市民が主役の、文化の街角、「小さな街」

いつ行っても、いろいろな場所でいろいろなことが行われていて、それに参加したくなる空間。市民がにぎわう、市民が主役の、文化の街角。これが私たちの提案する「三次市民ホール」です。

「三次市民ホール」が、1000人規模の大きな公演が開催されたとき、この場が華やかに賑わうことは言うまでもありません。しかし、そうした特別な日でなくとも、ここではいつでも、音楽や演劇を中心とした三次市民のさまざまな活動が繰り広げられます。神楽、和太鼓、日本舞踊の稽古、祭りの準備、創作合唱オペラ「いのうののけ」の練習、それらに付随する大道具や小道具の制作など、また楽器、ダンス、発声の練習や、いや舞台芸術に限らず、三次人形、灯籠の制作や、さらには、料理の会やお茶の会、青年会の寄り合い、消防団の訓練。三次市民のそれぞれがもっている「文化」が、ここで引き出され、育てられ、伝えられる。施設というより、小さな街のような空間。いろいろな人に出会える、そんな仕掛けがいっぱい詰まった空間。私たちは、「文化」のそんな孵化器としての「三次市民ホール」を提案します。

「表」と「裏」の区分けを流動的にする、基本骨格としての回廊

「市民がにぎわう、市民が主役の、文化の街角」であるためには、表と裏の区分けが流動的であることが大切です。たとえば、大規模な巡回公演のときには、楽屋は興行者に専有されますから、一般市民はそこから締め出されます。興行者に楽屋という「裏」に、市民は客席側という「表」に明確に二分されます。しかし、楽屋の空間がいつも「裏」で、そこを日常的に市民が使えないとしたら、それは非常にもったいないことです。楽屋は、市民の小さな集まりに最適な空間だからです。そこで、「表」と「裏」の空間をあらかじめ用意しておくのではなく、それぞれサイズや個性が異なるさまざまな空間を用意し、まずは、それらを巡ることができるような回廊を基本骨格として設けます。日常的には、市民はこの回廊を巡ることで、迷うことなく、簡単に目指す部屋に行くことができます。そして、この「小さな街」の目抜き通りである回廊の運用方法によって、たやすく、「街」を好きなように「表」と「裏」に分けて使用することができるようにします。

「小さな街」を水害時に守る駐車スペース

「小さな街」は、敷地の中央にあって、地上5mの高さに持ち上げられています。その下には、300台の駐車スペースが、もっとも効率的かつコンパクトな配置で設けられています。周辺の土地と「小さな街」との間には、緑豊かな緑地帯が生み出されています。大きな公演の終演後には、いっせいに自動車のエンジンがかかります。この緑地帯は、その騒音から、周辺の住民を守る緩衝帯として機能するだけでなく、周辺住民の散歩道ともなります。

日常的には、駐車する車は300台よりずっと少なくなります。空いた駐車スペースは、この利用する市民の創意工夫で使用できる「小さな街」の「余地」になります。大道具の制作、ダンスの練習、発声練習など、さまざまな仮設的利用が繰り広げられることでしょう。駐車スペースは、現況地盤から1.5m掘り込まれて、設けられています。そのため、周辺の音の遮蔽に優れているだけでなく、集中豪雨時などに、周辺を水害から守るための調整池として機能します。

また、私たちは、災害はいつでも起こりえるということを前提にして、こうした公共施設は設計されるべきと考えていますが、浸水深さが5mを超える水害が想定されているこの土地において、このようなかたちで駐車スペースを設け、施設全体と「人口土地」として地盤面から持ち上げることは、その意味でも、理にかなっていると考えます。駐車スペース面積は約7000m²程度なので、これを設けることによる費用増は約3億円、総工事費の約1割程度で、現実的な提案です。

■日常のときの使われ方

日常時では、回廊全体が「小さな街」の中央通りになります。その中央通りに左右に配された大小様々な空間それぞれが、様々な用途に使われます。1階の駐車スペースは、駐車用地として北側に100台程度を確保し、南側は空地として、市民の創意工夫で使用できる場所として利用されます。

■特別のときの使われ方

全体がお祭りに使われたり、1000人規模の公演が行われるなど、「小さな街」では、特別なイベントが開催されます。大規模な巡回公演などでは、ふだんは自由に交通できる回廊の一部が、興行者に専有されます。1階の駐車スペースは、300台フルの駐車場になります。

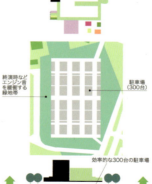

■集中豪雨のとき

もともとの地盤面から1.5m掘り込まれた駐車スペースは、調整池として、周辺を水害から守る。

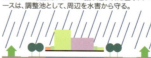

■大水害のとき

ハザードマップで示されているような水深5mを超える水害があっても、「小さな街」は浸水せず、市の避難所として機能する。

設計業務公募型プロポーザル

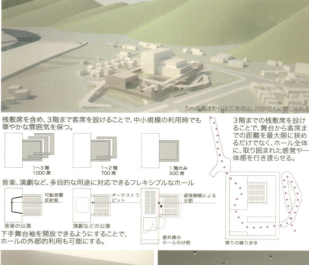
5mの高さからは三次の山、川が近くに感じられる

桟敷席を含め、3階まで客席を設けることで、中小規模の利用時でも華やかな雰囲気を保つ。

| 1〜3階 1000席 | 1〜2階 700席 | 1階のみ 500席 |

3階までの桟敷席を設けることで、舞台から客席までの距離を最大限に狭めるだけでなく、ホール全体に、取り囲まれた感覚や一体感を行き渡らせる。

音楽、演劇など、多目的な用途に対応できるフレキシブルなホール。

| 可動音響反射板 | オーケストラピット | 遮音緞帳による分割 |
| 音楽の公演 | 演劇などの公演 | 屋外舞台 ホールの分割 祭りの練り歩き |

下手舞台袖を開放できるようにすることで、ホールの外部的利用も可能にする。

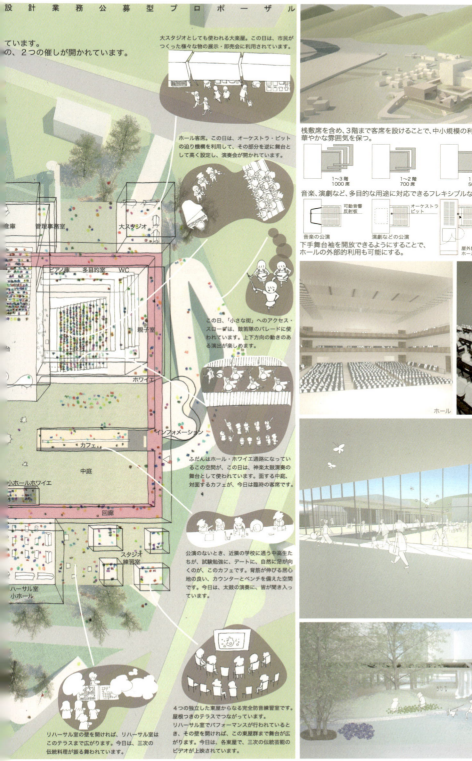

大スタジオとしても使われる大楽屋。この日は、市民がつくった様々な物の展示・即売会に利用されています。

ホール客席。この日は、オーケストラ・ピットの迫り機構を利用して、その部分を逆に舞台として高く設定し、演奏会が開かれています。

この日、「小さな街」へのアクセス・スロープは、鼓笛隊のパレードに使われています。上下方向の動きのある演出が楽しめます。

ふだんはホール・ホワイエ通路になっているこの空間が、この日は、神楽太鼓演奏の舞台として使われています。面する中庭、対面するカフェが、今日は臨時の客席です。

公演のないとき、近隣の学校に通う中高生たちが、試験勉強に、デートに、自然に足が向くのが、このカフェです。背筋が伸びる居心地の良い、カウンターとベンチを備えた空間です。今日は、太鼓の演奏に、皆が聞き入っています。

4つの独立した東屋からなる完全防音練習室です。屋根つきのテラスでつながっています。リハーサル室でパフォーマンスが行われているとき、その壁を開ければ、この東屋群まで舞台が広がります。今日は、各東屋で、三次の伝統芸能のビデオが上映されています。

リハーサル室の壁を開ければ、リハーサル室はこのテラスまで広がります。今日は、三次の伝統料理が振る舞われています。

ホール
リハーサル室／小ホール

エントランスから中庭をみる

駐車場と散歩道

Logic / Hierarchy ロジック・ヒエラルキー

A Logic / Hierarchy
ロジック・ヒエラルキー
Case 1

Tool テキスト ダイアグラム 断面図 平面パース イラスト パース ダイアグラム

Contents ゾーニング 機能 構成 アクティビティ 風景 空間

---

❶ メインコンセプト
テキスト

3つの大きなメインコンセプトを段に分けて示している。それぞれタイトルとテキストであるが、強調したい箇所を黄色のハイライトとしている。

❷ ゾーニングとフレキシビリティ
テキスト **ダイアグラム** **ゾーニング**

この提案に特徴的な「回廊」が日常時には街の通りのような機能となり、イベント時には全体として使われることをそれぞれ示している。

❸ 防災対策の機能
テキスト **断面図** **機能**

断面模式図によって氾濫の多い川沿いの立地の防災対策を示し、このアイデアがこの建築の大きな特徴のひとつであることを示している。

❹ 配置の構成・平面
テキスト **平面パース** **イラスト** **構成** **アクティビティ**

上から見た平面パースという特徴的な表現手法によって、建築の構成のみならず、人びとのアクティビティも示している。

❺ 俯瞰イメージ
パース **風景**

CGによって風景のなかでのあり方を示している。

❻ ホールの機能
平面図 **ダイアグラム** **機能**

平面模式図によって多目的な用途に対応できるフレキシブルなホールであることを示している。

❼ 空間イメージ
パース **空間**

ホール内観やエントランスと中庭の関係をパースによって示している。

❽ 外観イメージ
パース **風景**

駐車場や散歩道・ランドスケープを外観とともにパースによって示している。

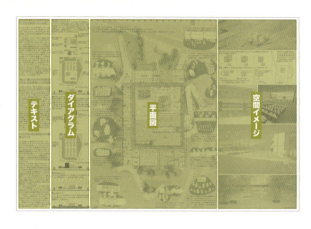

7列6段のグリッド

おおよそW59mm×縦7列、H48mm×横6段のグリッドを組んでいる。素材に応じて部分的にグリッドから11mmずらすことで、結果として48mm×48mmの正方形グリッドが生じたところもある。A2紙面のW420mm×H297mmから四周いずれも3.5mmのマージンをとっている。

ある程度グリッドに沿いながらも見せたい図版は大きく扱っている。グリッドに厳密に情報は載ってはいないが、これにある程度準ずることでスッキリと整理された印象を与えている。

中心性を持つ4つのゲシュタルト

大きく「テキスト」「ダイアグラム」「平面図」「空間イメージ」という4つのゲシュタルトでレイアウトが構成されている。それぞれのゲシュタルトは同じツールを使用することで塊をつくっている。

　ゾーンを明快に区切ることで情報がバランスよく配されており、面積の大きい中央の平面図が明らかにメインのコンテンツであることが分かる。平面図は周辺環境などの配置図情報も含めた平面パースのような表現とし、そこに人びとのアクティビティの表現が重層的に重ね合わされている。

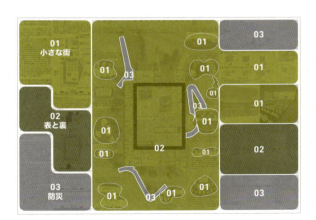

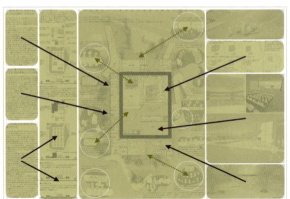

平面図に情報を集約したコンテンツ配置

コンテンツはゲシュタルトを横断しながら、関連する情報は至近な位置に並べている。コンセプトテキスト **01～03** に対応するようにそれぞれの図版が配されているが、中央の平面図には、それら **01～03** の具体的なイメージがイラスト・平面パースによって示されている。情報を1枚の絵に集約することで、提案の内容がそれぞれ有機的につながりをもつことを分かりやすく伝えている。

一方向的な関係性と相互補完するロジック

コンテンツ同士の関係性は大きく分けて、あるものをより分かりやすく説明する一方向的なものと、それぞれが相互補完的に意味を補強するもののふたとおりがある。ここでは実線矢印（→）で示すように、コンセプトテキストや空間イメージを説明すべく中央の平面図に向かうものと、破線矢印（⟵）のように、吹き出し状のスケッチでそれぞれの空間のアクティビティを補完して表現するものに分かれている。

A Logic / Hierarchy
ロジック・ヒエラルキー
Case 2

西沢大良建築設計事務所
公募プロポーザルコンペティション
KOKUEIKAN PROJECT 提案書
（最優秀賞、2006年）

プロポーザル概要
プロポーザル参加：341組
提出物：A2用紙1枚（横使い）

建築概要
敷地：沖縄県那覇市 旧映画館「國映館」跡地
敷地面積：1,680.97m²
テナント占有床面積：3,300m²（1,000坪）以上
用途：商業施設（テナントビル）

建築設計条件

当コンペが求めるものは、国際通り全体の発展を視野に入れ、敷地の中にとどまらず「まち」に開き、「まち」を刺激し、「まち」の賑わいを創出する建築の提案です。同時に、沖縄という風土にある商業空間として、環境に配慮した新しい賑わいの場のかたちを求めます。

設計の条件には、詳細な面積配分や使い方の設定はありません。商業施設として求められる事業性を確保しつつ、豊かな空間を内包する、事業企画の可能性と空間の可能性を両立させた提案を求めます。

・設計対象としての商業施設は、物販・飲食テナントを基本と考えますが、その他の用途・業態についてのアイデアを除外するものではありません。
・テナント部分についての詳細はデザインを含む必要はありませんが、テナントの配置や構成方法について提案される場合は、そこに設定された業態を分かりやすく表現してください。これまでにない業態の提案を含む場合も同様です。
・許容された容積を最大限に使うか、敢えて規模を抑えるかの判断は、提案された企画内容によるものとして提案者に委ねます。

グラフィックに関する条件

・提案趣旨、提案内容を明快かつ具体的に表現する図面、パース、CG、模型写真など。図面縮尺は自由。
・日本語もしくは、日本語と英語の並記とします。設計趣旨説明に使用する文字の大きさは、10ポイント以上にしてください。

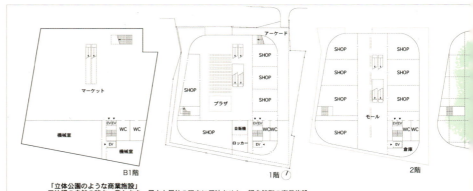

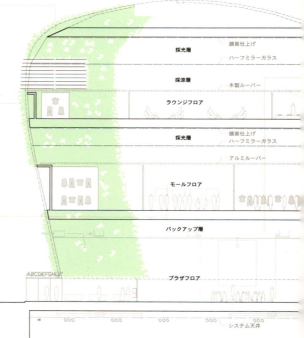

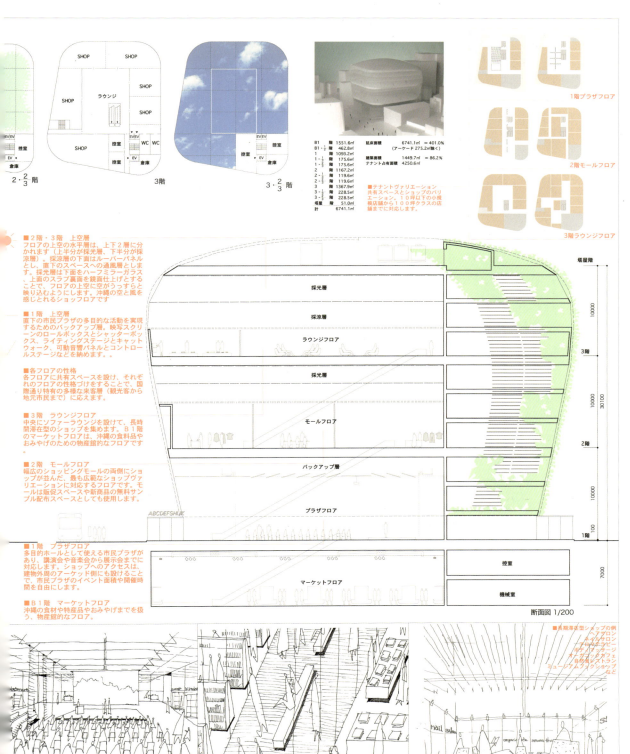

A Logic / Hierarchy
ロジック・ヒエラルキー

Case 2

Tool　平面図　テキスト　模型　ダイアグラム　パース
Contents　機能　風景　ゾーニング

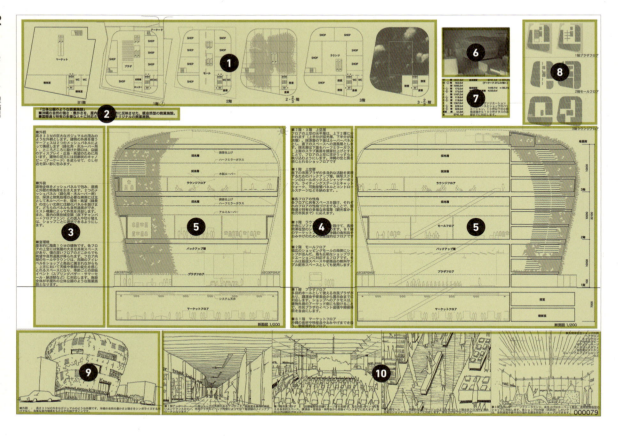

❶ 平面図
平面図　機能

平面図とともに、この提案で特徴的な天井懐の上空間の平面図も載せている。

❷ メインコンセプト
テキスト

「立体公園のような商業施設」を解説する2種類のテキストを、■で簡潔に箇条書きで示している。

❸ 外観
テキスト　風景

「屋根」「外壁」「階高」といった観点からテキストで解説している。それぞれの内容は横に配置された断面図と対応している。

❹ 断面構成
テキスト　機能

各階の性格とそれぞれの階にある上空間についてテキストで解説している。

❺ 断面図
模型　風景

この提案に特徴的な天井懐の断面を、人々のアクティビティとともに示している。

❻ 模型写真
模型　風景

シンプルな白模型で、周囲の環境のなかでの見え方を表現している。

❼ 面積表
テキスト

それぞれの階の面積を示している。

❽ ダイアグラム
ダイアグラム　ゾーニング

彩色したゾーニングダイアグラムでプランバリエーションを示している。

❾ 形態イメージ
パース　風景

彩色のない手描きパースで特徴的な形態を示している。

❿ 空間イメージ
パース　空間

空間の特徴を手描きのパースによって示している。

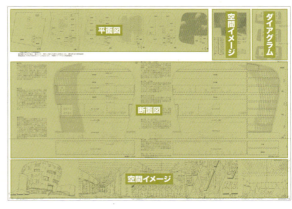

横方向の動きを感じさせる14段の横長グリッド

おおよそ横14段の帯状の構造を基調に割り付けている。これを利用して、左下に縦：横＝3：5の外観イメージを、それ以外を4分割して空間イメージを載せており、全体として列に関してはあまり揃えていない。あえて列のグリッドをなくすことで、水平性が強調されるレイアウトとなっている。おおよそではあるが上の平面図と下の空間イメージを3段ずつ割り当てることで全体のバランスを保っている。

中央の印象的なゲシュタルトを上下で補完

中央に断面図を大きく2点配置し、その上下に平面図やダイアグラム・空間イメージを配している。断面図をあえて大きく取り扱うことで、断面構成が建築の特徴であることを示している。テナントビルという機能を反映してか、平面図は空間イメージよりも小さいS.1/600の表現にとどめ、特徴的な断面図をS.1/200としている。
上の平面図やダイアグラムはおおよそ同じ大きさの塊が連続することでリズミカルな配置となっている。

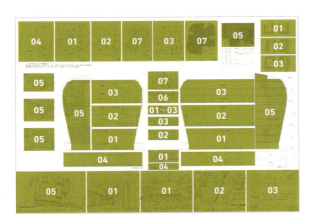

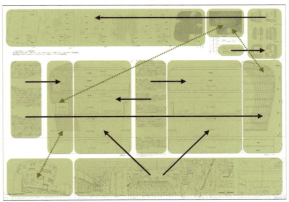

断面図から上下に波及するコンテンツ配置

断面図の横にそれぞれ対応する解説を載せている。例えば05では屋根・外壁・階高の仕様について記述し、外観パース・模型写真で情報を補完している。**01**(1Fプラザ)、**02**(2Fモール)、**03**(3Fラウンジ)、**04**(B1Fマーケット)についても各フロアの性格を記述するとともに、内観パースと平面図で情報を補完している。さらに階高の高い天井懐の利用についても、断面図の横に**06**(1F上空間)、**07**(2・3F上空間)として解説を載せ、平面図でも示している。

一方向的な関係性と相互補完するロジック

断面図に対して空間イメージ・テキストによってわかりやすくコンテンツを一方向的に補完している(→)。外観に関しては断面図の一部に外壁を想起させる緑のペイントを施すことで模型写真・外観パースを相互補完する役割を果たしている(↔)。右上のプランバリエーションはテキストで補完するとともに、さらに平面の活用方法を説明的に示している(→)。

B Logic / Flat
ロジック・フラット

Lecture

フラットな視覚に論理を見つけよ
坂牛 卓

図1：Claude Monet, Les Nymphéas, 1920-1926
クロード・モネ〈睡蓮〉

図2：Henri Matisse, The dance, 1910
アンリ・マティス〈ダンス〉

図3：Le Corbusier, Plan Voisin, 1925.
ル・コルビュジエ〈ヴォアザン計画〉
© FLC / ADAGP, Paris & JASPAR, Tokyo, 2015
G0208

このジャンルに分類されるグラフィックとは画面上にゲシュタルト的まとまりがあり、まとまりに視覚的な階層性がなく、さらにそれらのゲシュタルト的まとまりには論理的関係性が読みとれるグラフィックグループである。ロジック・ヒエラルキー同様、ここでもそうしたグラフィックの特徴を理解するためにグラフィック以外の例を最初に挙げてみたい。

グラフィック以外のロジック・フラット

絵画——モネ

モネの〈睡蓮〉のように、画面上の特定のどこかに描く対象が明確にひとつ存在しているのではなく、画面全体に比較的均等にそのテーマが散在している絵画は、視覚的な平坦性を持っている[図1]。さらにその散在しているものが白い部分と緑の部分を持つことから、植物であろうことがおぼろげに認識される。またその散逸具合からあるいはそれぞれの大きさからそれが睡蓮であろうと感じられるようになる。この感じられるところにフラットな画像のロジック（論理）が挿入されている。そこでこの絵画はロジック・フラットに属するものと考えることができる。また5人のダンサーが手を取り合って踊る〈ダンス〉という名のマティスの傑作がある[図2]。これは一人ひとりのゲシュタルトが明確に認識できるが、5人が画面全体に均等に配置され、手を取り合い、円環状をなす、比較的フラットなヴィジュアルである。また手を取り合った5つの肉体は躍動し、共同でダンスを踊っていることが伝わってくる。これがバラバラであると分かりづらいのだが、つながっていることで肉体に引っぱりあう力が生まれている。それによって5つのゲシュタルトに踊るというロジカルな関係性が生まれている。よってこの絵画もロジック・フラットに分類できる。

都市計画——ヴォワザン計画

ル・コルビュジエは1922年、パリに300万人が住むための都市計画を発表した。交通の要となるハブをほぼ中心に置きながら60階建ての十字型平面の超高層を均等にグリッド状に配置した。低層部には緑地を配置する、歩車分離の計画である[図3]。これはブラジリアのような総合的な計画ではなく、人々の働く場所と住む場所をイメージしてつくられた計画である。さらに働くところと住むところを視覚的に分けることなく、この十字型超高層に双方が組み込まれている。よってこの計画は視覚的には中央のハブと均等に配置された超高層のふたつがゲシュタルトとして現れるものの、超高層ゲシュタルトはきわめて均等に現れており、視覚的にはフラットである。一方その関係性は、それぞれ居住、労働の場所として認識され、都市の機能の一部を担うものとしてロジカルに認識される。その意味でこの案はロジック・フラットな計画として読むことができよう。

音楽——スティーヴ・ライヒ

次に聴覚で考えてみよう。ロジック・ヒエラルキーで挙げたベートーベンの交響曲第5番「運命」の楽譜を思い出してみると、それはメロディーを奏でるために音符は上下に動きながら曲を生み出していた。ではミニマル・ミュージックの

図4：Steve Reich [Double Sextet], 2007.
スティーヴ・ライヒ「ダブル・セクステット」
(WIKIMEDIA COMMONSより)

図5：駅のスロープ

巨匠スティーブ・ライヒの楽譜をそれと比べてみよう[図4]。これは振れ幅の少ないほぼ同じ音程の音が最初から最後まで並んでいる。若干のリズムの変動はあるものの、それも最小限であり、ほぼ同じ音程、同じリズムが繰り返されている。ここでは一小節がひとつのリズムの単位となってそれが繰り返されている。聴く方はこの一小節をひとつの音の塊として受けとり、それが均等に並んでいるように聴こえてくると言えるだろう。よってこの音楽は一小節の音のゲシュタルトを捉えながらその均等性を感じとるのだから、それは音のフラットネスを受けとっている。一方、そのゲシュタルトの均等な並びは最初のうちは単なる繰り返しとしか認識されないものの、ミニマリズムアートの理屈(単位の反復)を知ることでそれをコンセプトとして感じとれるようになる。つまりはあるロジックをそこから受けとっている。その意味でこの音楽をロジック・フラットな音楽として分類することが可能であろう。

食事——餃子

ロジック・ヒエラルキーの節ではカレーライスを例に挙げた。味のゲシュタルトに差があって、さらに主従の関係があるからである。ロジック・フラットは味の主従があってはいけなく、味の要素がフラットに並んでいなければならない。そのような料理を思い浮かべるとき、その事例のひとつとして餃子を挙げることができる。

餃子はキャベツ、ニラ、ニンニク、豚ひき肉などをこねて餃子の皮で巻いて焼いたり、茹でたりしたものである。よって皮で巻いた味のまとまりを感じる。つまりひとつの餃子をひとつのゲシュタルトとして受け入れるなら、10個前後食べるであろう餃子は同じものがフラットに並んだゲシュタルトとして位置づけることができよう(舌の肥えた人はひとつの餃子のなかにある具のそれぞれを感じとれるかもしれない。その場合はロジック・ヒエラルキーとも言えることになろう)。

匂い——焼鳥屋の煙

ロジック・ヒエラルキーでは3つの匂いが方向性を生み出す事例を示した。ここでは1種類の匂いのゲシュタルトの事例を挙げてみよう。たとえば店頭で焼き物をしてその匂いを換気扇や団扇で通りに放つうなぎ屋や、焼鳥屋がある。その匂いは風に乗ってどこかへ飛散するのだが、その匂いにつられて少々離れた場所からでもその店にたどり着くということがある。その場合、匂いのゲシュタルトは1種類なのだが、それがマシンガンの弾丸のように連続して飛んできていると言える。そしてその匂いの動きが方向性を生み出し、人はその場所に行き着ける。つまりそのゲシュタルトには方向性というロジックが生まれている。よってこの状態をわれわれはロジック・フラットと呼ぶことが可能なのだと思う。

足裏感覚——スロープ

この事例も焼鳥屋の匂いに近いもので、足裏に感ずる感触はこのジャンルではつねに同種類のもの、かつその一定なものが並ぶことで、ある意味の伝達をする結果となる。そこで考えられるのはたとえば長いスロープなどである[図5]。スロープは足裏に斜めの床を感じさせ、それが連続することで上り、下りの方向性を歩行者に感じさせる。また勾配が一定であればその足裏感覚も一定となる。その意味でこの感覚はロジック・フラットな感覚と呼べるだろう。

ポスターに学ぶ

さて本題の視覚に戻ってみよう。例によってグラフィックスの"お兄さん"であるポスターに習おう。復習になるが視

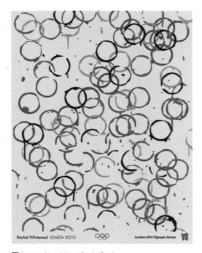

図6：ロンドンオリンピックポスター
（デザイン：レイチェル・ホワイトリード）
The 2012 Summer Olympics, design by Rachel Whiteread, 2012.

図7：ポスター「餃子図鑑」（宇都宮市発行、2013年）

図8：ポスター「じぶんの町を良くするしくみ。」
（中央共同募金会発行、2010年）

覚的にヒエラルキーをつくるうえで必要な図のつくり方は、プレグナンツの法則という。これはゲシュタルト的なまとまりが現れる場合の、ものの構成のタイポロジーを提示するもので、1.近接（近くにあるものはまとまる）、2.類同（同じ種類はまとまる）、3.閉合（とじた形はまとまる）、4.良い連続（連続性のあるものはまとまる）が挙げられる。ここでもロジック・ヒエラルキーと同様、この法則にしたがって数種類のポスターの構成と意味を見てみよう。

反復型

1. 図のつくり方
- 背景に対して異色であること
2. 図の関係
- 同型、異色、反復

レイチェル・ホワイトリードによるロンドン五輪のポスターであるが、これは5色の輪をスタンプで無作為に押し続けた紙を、最後にポスターの大きさに切り抜いたように見える[図6]。よって四辺では輪が随所で裁ち落とされている。白い地の紙に押された色のついた輪は図として現れる。輪の連続は全体に満遍なくばら撒かれており、視覚的にはフラットである。オリンピックだから輪が5つ並んで意味をなすのだが、ここでは五輪の並べ方を解体して並んでいるので五輪であることが分かりづらくなっている。しかし5色の色が五輪を思い浮かばせ、それが炭酸水の気泡のごとく広がっていて、オリンピックの広がりとか拡張性をイメージするのにこの反復が一役買っているのではなかろうか。そうしたコノテーションを伝えるこの反復性には、ひとつのロジックが存在していると言えるだろう。

図鑑型1

- 図のつくり方
1. 背景に対して異種であること
2. 全体に均一に配置されていること
- 図の関係

1. 同類

宇都宮市の餃子をPRするこのポスターは、同市内で販売されている特徴的な餃子を調査したものである[図7]。特徴的な形や焼き方に着目して、40あまりの餃子が採集されている。それぞれの餃子には採集した街、大きさ、重さが記録され、宇都宮の餃子図鑑となっている。ポスターサイズでは餃子の大きさは原寸大になっているようである。画面全体は視覚的にはほぼフラットで、ロジック・フラットなポスターと言える。

図鑑型2

1. 図のつくり方
- 背景に対して異色であること
2. 図の関係
- 同種、異意味

同型、同色でややサイズの異なるアイコンがたくさん並んでいる。視覚的には多少のアイコンのサイズの差があるもののフラットといってよい。またそれぞれのアイコンは自分の町をよくするために皆ができることが書かれている。これは赤い羽根共同募金のPRポスターであり、募金が何に使われるかを示してもいる[図8]。それぞれのアイコンが意味を伝達するとともに全体として、町をよくする行為のヴァリエーションを伝えている。その意味でロジック・フラットなポスターとなっている。

同種・時系列変化型

1. 図のつくり方
- 同種・変化形
2. 図の関係
- 時、色、大きさ

本ポスターは2015年9月から武蔵野美術大学美術館・図書館で行われた「ムサビのデザインⅤ:1960-80年代日本のグラフィックデザイン 永井一正・田中一光・福田繁雄・石岡瑛子のポスターから」のためにつくられたものである[図9]。4名のデザイナーについて、計

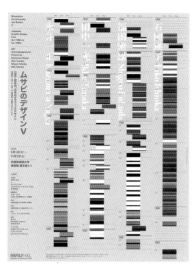

図9：展覧会ポスター「ムサビのデザインV」
（武蔵野美術大学 美術館・図書館、
デザイン：中野デザイン事務所、2015年）

図10：雑誌『遊』1001号（工作舎、デザイン：杉浦康平、1978年）

1500枚のポスターの色を分析して、各人が使うそれぞれの色の面積を時系列に並べたもの。印刷技術の発達による使用色の多様化や、各デザイナーの使用色の変化が視覚化されている。これもフラットな視覚のなかに内容を伝えるロジックが読みとれる。

増殖型

1. 図のつくり方
- 背景に対して異色であること
2. 図の関係
- 類似、遊び

これは雑誌『遊』の相似律特集（1978年）の表紙デザインである[**図10**]。ここに整然と並ぶ漢字は一見「遊」という字に見えるが、よく見ると「遊」とは異なる字形を持っており、似た字なのか旧字体であるかのようである。しかし字形を確認すればわかるが、これらはすべて偽の漢字である。遊に似たような漢字を自由につくるという遊びをして遊を増殖させているのである。その意味では、これらの「漢字のような字」全体で雑誌名および特集の内容を暗示する意味がある。そして視覚的にはそれが規則正しく並ぶことでフラットな全体をつくり上げ、全体としてロジック・フラットなものとなっている。

分析対象

さて次ページ以降から実際の建築プレゼンテーションの事例分析に入るのだが、このジャンルの例としては、古谷誠章（NASCA）の工学院大学八王子キャンパス・スチューデント・センターのプロポーザル[**図11**]とスタジオメトリコ（studiometrico）の〈SUKKA CITY NYC〉[**図12**]の国際デザインコンペ応募案のふたつのグラフィックを取り上げてみたい。

まず古谷のグラフィックを見るとわかるようにA2ボードは横に使われ、そこに縦方向に大きく3つの列を構成し、その縦の列に文章の塊とスケッチを交互に並べている。それぞれの文章の塊は相互に補完するというロジカルな関係を持つとともに、いくつかの塊で共通するテーマを持っている。視覚的には文字列とスケッチの塊が市松模様状に並び、全体としてはフラットな構成に見える。

ふたつめの事例はコンペの提案書である。スタジオメトリコの〈Build your own Sukkah!〉は扇子のような構造を組み合わせてつくられている。人ひとり分くらいの空間をセルフビルドでつくる方法の提案書である。12個の正方形グリッドのなかに写真と図を交互に挿入し、それぞれをこれもやはり市松模様状に配置している。ミクロに見ていくと図と図の間にはさまざまな補完関係が読みとれ、ヒエラルキーが存在しているが、全体は視覚的にはフラットであるし、正方形グリッド間には意味の補完関係が読みとれ、ロジック・フラットな構成となっている。

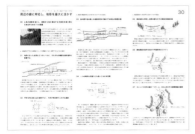

図11：古谷誠章（NASCA）、工学院大学八王子キャンパス・スチューデント・センター設計プロポーザル優秀賞受賞案（2005年）

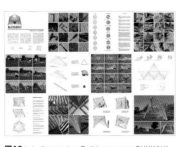

図12：studiometrico, Build your own SUKKAH!, proposal for SUKKAH CITY NYC 2010（2011年）

B | Logic / Flat
ロジック・フラット
Case 1

古谷誠章＋NASCA
工学院大学八王子キャンパス・スチューデント・センター
設計プロポーザル
第一次技術提案書（優秀賞、2005年）

プロポーザル概要
プロポーザル参加：41組
提出物：A3用紙1枚

建築概要
敷地：工学院大学八王子キャンパス
延床面積：約6,000m²
用途：学生活動室、多目的スペース、ラウンジ、ロッカー室、店舗、食堂ホール＋カフェテリア、学生サービス窓口、就職相談室、倉庫、共用部

建築設計条件

従来の大学の学生厚生施設の概念を一新し、各機能を有機的に連携させることで、個々の機能を超えた、キャンパスにおける学生の交流と生活の場として新たな可能性を開くことのできるような施設を目指しています。
下記の項目に関する提案内容を示してください。

a. 本施設が学生の交流拠点としての機能を十分に発揮できるための提案
b. 複数の機能が集まる利点を活かすための提案
c. 周辺環境や立地条件を活かすための提案

グラフィックに関する条件

表現にあたっては、文章を補完するためのイメージスケッチ及び空間コンセプト図は使用して構いませんが、設計の内容が具体的に表現されたものであってはなりません。また、文字は小さすぎないよう（10pt以上）配慮してください。左余白30mmをとってください。

工学院大学八王子キャンパス・スチューデント・センター設計プロポーザル

周辺の緑に呼応し、地形を最大に活かす

00　土地が建築を活かし、建築が土地に潜在する可能性を最大限に引き出すための7つの提案

大学で学ぶ学生諸君にとって与えられる教育の内容が肝要であることはもちろんですが、同時に日中の大半の時間を過ごすキャンパスの居住空間としての快適さは、それに勝るとも劣らないほど大切なものです。とくに周囲の自然に恵まれているこの場所では、建築の内部に居ながらにしてもその自然を十分に感じ取れる空間のデザインが必要と考えます。

a. 本施設が学生の交流拠点としての機能を十分に発揮できるための提案

01　地形に沿った主要な3つのレベルに、それぞれの機能を適材適所に配置する

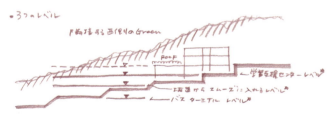

図書館下のピロティを介してバスターミナルに繋がる下層、カーブする桜の坂道に接続する中間層、北側新棟の学習支援センターに直結する上層の3つのレベルを想定します。土に接する下層には多目的ホールとラウンジ、中間層には学生活動室などの諸室、最上層には食堂をワンフロアにまとめ見晴らしがよく居心地のよい場所を作ります。また道路を挟んだ西側隣地には雑木林の小高い稜線を望み、この尾根の緑がそれら3つの層を繋ぎます。

02　学生を内に囲い込む空間でなく、内外が相互乗り入れする建築

ひとつのキャンパスに様々な学生が学ぶことの最大の魅力は、学科や学年の、あるいは学生・教員の枠を越えて互いの活動に接し、未知の興味に遭遇する機会を見いだすことにあります。建築はその相互触発の「舞台」となるよう、3つのどのレベルにおいてもできるだけゆったりと繋がる大きめの空間を用意し、またどこにいても外部の自然を感じられるよう工夫します。

る利点を活かすための提案

●棟との連携利用を可能にする南北の断面計画

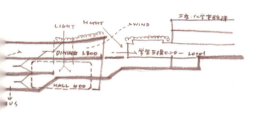

き、多目的ホールなど直下の機能はもちろん、北側の工
将来の南側講義棟とも連結し、ちょうどその交差点に陣
房をその階中央に設け、外周部をすべて開くことで、最
光を得ます。一方、バスターミナルやキャンパス南側か
最下層には、多目的ホールと、それに接するラウンジ・
れ、最上階の食堂との相互補完や役割分担を行います。
階が連続し、昼間の自然採光や昼夜間の自然換気に活用
費型の資源エネルギーの使用を抑え、循環型の自然エネ
ます。夏冬の高負荷期には人々の活動域を基本とする適
して、ライフサイクルコストの低減を図ります。

●何通りにも使いこなせる空間

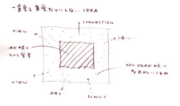

機能に振り分けるのではなく、施設内の各所をその主目
第で何通りにも活用できるスペースとしてデザインしま
オフ・ピーク時には学生同士の集まりはもちろん、ゼミ
の空間にも使えるよう空間性を整えます。多目的利用と
透明な空間とするのではなく、時間や季節に応じて空間
在するための「一級の空間」でなければなりません。外
を設けにくい斜面立地のキャンパスでは、ちょうどその
、四季を通じての広場空間となります。
「基幹」部分と経年的に更新される「枝葉」の部分とを
サイクル・リユースが可能な建築を計画します。

c. 周辺環境や立地条件を活かすための提案

05　周辺地形に呼応し谷間の緑をむすぶ東西の断面計画

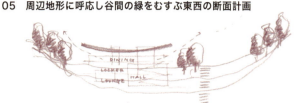

　敷地に隣接する東西方向の周辺環境を活かすため、緩やかに湾曲する屋上面を持つ断面を計画し、もともとの地形を回復します。内部空間を流動的で魅力的なものとし、館内からは天井面に沿って周囲の緑や空へと視線が導かれます。

06　敷地周囲の条件を活かす平面形状のスタディ

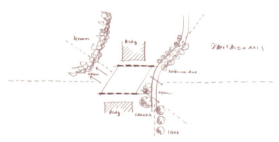

　建物が隣接する南北面では壁全体の半分程度を開口にし、隣地の緑や既存の桜などに接する東西側では大きく開放的に扱います。また緩やかにカーブする並木道を下った視線の、ちょうどアイストップとなる土地の利点を最大限に生かして魅力のある楽しい平面形をデザインします。

07　キャンパス内外の緑の「コア」と、それらをむすぶ緑環境軸の提案

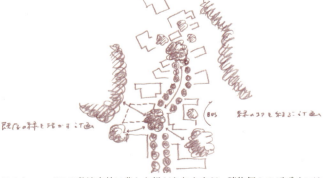

　このキャンパスは敷地内外に豊かな緑がありますが、建物個々のデザインは必ずしもその利点を活かしきれていないように感じました。その再生のために、各所の緑のコアをむすび、また既存の緑のマスを視線軸でむすぶ、緑環境軸の提案を行いたいと思います。

B Logic / Flat
ロジック・フラット
Case 1

Tool テキスト イメージ ダイアグラム
Contents ゾーニング 空間 環境 機能

工学院大学八王子キャンパス・スチューデント・センター設計プロポーザル
周辺の緑に呼応し、地形を最大に活かす

00 土地が建築を活かし、建築が土地に潜在する可能性を最大限に引き出すための7つの提案

大学で学ぶ学生諸君にとって与えられる教育の質が重要であることはもちろんですが、同時にその大学の時間を過ごすキャンパスの居住空間としての快適さは、それに勝るとも劣らないほど大切なものです。とくに周囲の自然に恵まれているこの場所では、建築の内部に居ながらにしてもその自然を十分に感じ取れる空間のデザインが必要と考えます。

a. 本施設が学生の交流拠点としての機能を十分に発揮できるための提案

01 地形に沿った主要な3つのレベルに、それぞれの機能を適材適所に配置する

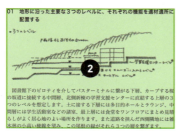

図書館下のピロティを介してバスターミナルに繋がる下層、カーブする桜の坂道に接続する中間層、北側新棟の学習支援センターに直結する上層の3つのレベルを想定します。土に接する下層には多目的ホールとラウンジ、中間には学生活動室などの諸室、最上層には食堂をワンフロアにまとめ見晴らしがよく屋上緑化された場所を作ります。また道路を挟んだ西側隣地には雑木林の小高い樹塊を臨み、この屋根の緑がそれら3つの層を繋ぎます。

02 学生を内に囲い込む空間でなく、内外が相互乗り入れする建築

ひとつのキャンパスに様々な学生が学ぶことの最大の魅力は、学科や学年の、あるいは学生・教員枠を越えて互いの活動に接し、未知の興味に遭遇する機会を見いだすことにあります。建築はその相互触発の「舞台」となるよう、3つのどのレベルにおいてもできるだけゆったりと繋がれる大きな空間を用意し、まどどにいてもその外部の自然を感じられるよう工夫します。

b. 複数の機能が集まる利点を活かすための提案

03 他の層や他の棟との連携利用を可能にする南北の断面計画

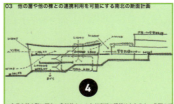

食堂を最上層に置き、多目的ホールなど直下の機能はもちろん、北側の工房・化学実験棟や、将来の南側講義棟とも連結し、ちょうどその交点に陣取らせます。また厨房をその階中央に設け、外周部をすべて開くことで、最大の眺望と通風・採光を得ます。一方、バスターミナルやキャンパス南側から直接アクセス可能な最下層には、多目的ホールと、それに接するラウンジ・カフェテラスが置かれ、最上層の食堂との相互補完や役割分担を行います。館内の随所で上下階が連結し、昼間の自然採光や昼夜間の自然換気にも活用するほか、全般に消費型の資源エネルギーの使用を抑え、循環型の自然エネルギーの活用に努めます。夏冬の高負荷期には人々の活動域を基本とする適切な冷暖房を基本として、ライフサイクルコストの低減を図ります。

04 一つの場所を何通りにも使いこなせる空間

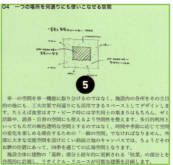

単一の空間を単一機能に振り分けるのではなく、施設内の各所をその主目的の他にも、工夫次第で何通りにも活用できるスペースとしてデザインします。たとえば食堂はオフ・ピーク時には学生同士の集まりはもちろん、ゼミ活動や、読書・自習の空間にも使えるよう空間性を整えます。多目的利用といってもただの無色透明な空間にするのではなく、時間や季節に応じて空間の変化を楽しめる潜在性のための「一級の空間」でなければなりません。外部に大きな交流空間を設けにくい斜面立地のキャンパスでは、ちょうどそのお誂えの位置にあって、四季を通じての広場型空間となります。施設全体に建物の「基幹」部分と経年的に更新される「枝葉」の部分とを合理的に計画し、リサイクル・リユースが可能な建築を計画します。

c. 周辺環境や立地条件を活かすための提案

05 周辺地形に呼応し谷側の緑をむすぶ東西の断面計画

敷地に隣接する東西方向の周辺環境を活かすため、緩やかに湾曲する屋上面を持つ断面を計画し、もとあった地形を回復します。内部空間を流動的で魅力的なものとし、館内からは天井面に沿って周囲の緑や空へと視線が導かれます。

06 敷地周囲の条件を活かす平面形状のスタディ

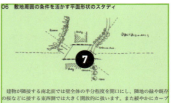

建物が隣接する南北面では壁全体の半分程度を開口にし、隣地の緑や既存の桜などに接する東西面では大きく開放的に扱います。また緩やかにカーブする並木道を下った視線の、ちょうどアイストップとなる土地の利点を最大限に生かして魅力のある楽しい平面形をデザインします。

07 キャンパス内外の緑の「コア」と、それらをむすぶ緑環境軸の提案

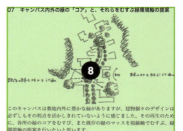

このキャンパスは敷地内外に豊かな緑がありますが、建物群々のデザインは必ずしもその利点を活かしきれていないように感じました。その再生のために、各所の緑のコアをむすび、また既存の緑のマッスを視線軸でむすぶ、緑環境域の提案を行いたいと思います。

---

❶ 提案の骨子
テキスト イメージ

00のナンバリングとともに具体的な提案に入る前の導入部として提案の方向性を示す序文の役割を果たしている。写真を唯一用いることで、敷地周辺の豊かな自然を表すとともに導入部として目を引く効果を上げている。

❷ 断面ゾーニング
テキスト ダイアグラム ゾーニング 機能

レベル差のある特徴的な地形に対し、断面ゾーニングによって周囲の建物との動線をつくるアイデアを示している。

❸ 空間のアイデア1
テキスト ダイアグラム 空間

内外が連続する空間のイメージをスケッチによって示している。具体的な平面は示さずにイメージを喚起させる表現としている。

❹ 断面計画（南北）
テキスト ダイアグラム 機能 環境

より具体的な断面計画によって上下階の立体的なつながりを示している。環境計画についてもあわせて言及している。

❺ 空間のアイデア2
テキスト ダイアグラム 機能

多用途にするための空間的なしつらえ・フレキシビリティのアイデアを示している。構造の考え方についてもあわせて言及している。

❻ 断面計画（東西）
テキスト ダイアグラム 環境

周辺地形と連動した断面計画を示している。

❼ 配置計画（平面）
テキスト ダイアグラム 環境

周辺環境に呼応した建築の平面形状であることを示している。シークエンスのなかでアイストップになるデザインであることが示唆されている。

❽ 配置計画（広域）
テキスト ダイアグラム 環境

より広域の環境における建築周辺のランドスケープのあり方を提案している。

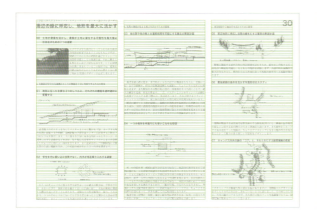

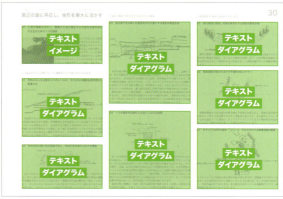

行間を踏襲したグリッド

文字組の行間がそのまま全体のグリッドになっており、見えないグリッドが紙面から伝わってくる。図版とテキストの段と行のグリッドが統合されることで新聞の紙面のような表現となっている。フォントはそれぞれ、
　タイトル：ヒラギノ角ゴシックPro W6｜18pt｜えんじ色
　小見出し：ヒラギノ角ゴシックPro W6｜10pt｜黒
　本文：ヒラギノ明朝Pro W3｜10pt｜黒を用いている。
　a〜cのテーマタイトルはヒラギノ明朝Pro W3｜9pt｜グレー60%である。

フラットな構成の8つのゲシュタルト

テキストとダイアグラムで構成される8つのゲシュタルトをフラットに配置している。そのうち冒頭のひとつはテキストとイメージ（写真）によって提案全体のマニフェストを示しているが、全体としてレイアウトにメインとサブというヒエラルキーがない。ゲシュタルトごとに表現手法が異なることもなく、表現としても等価なものの繰り返しとなっている。
　それぞれ00-07と見出しに番号がふられているが、必ずしも順序立てて読まなくても内容が論理的に伝わるまとめ方である。

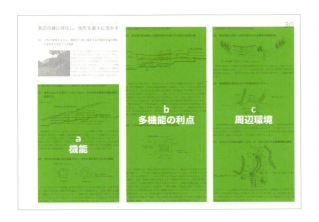

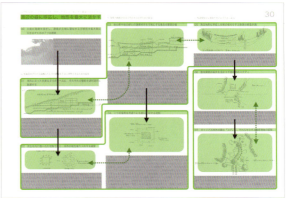

テーマごとの説明をまとめたコンテンツ配置

「a. 本施設が学生の交流拠点としての機能を十分に発揮できるための提案」「b. 複数の機能が集まる利点を活かすための提案」「c. 周辺環境や立地条件を活かすための提案」といった主催者側の要望に沿って説明のブロックをまとめている。紙面のなかで3つの縦の帯になるようにまとめることで、テーマごとのメッセージが伝わりやすいレイアウトになっている。

大きな流れと小さな流れによるロジック

00から順を追って説明しているが、断面・平面・アイデアなど同じ表現手法を繰り返すことで提案の全体像が浮かび上がるような関係をつくり出している。
　タイトル（オレンジ）・小見出し（00〜07）・スケッチ（赤）・本文（グレー）がそれぞれ同じフォント・サイズを用いて繰り返すことでフラットな表現となっている。タイトルとダイアグラムは同じえんじ色に合わせることで統一感を図っている。

B Logic / Flat
ロジック・フラット
Case 2

スタジオメトリコ studiometrico
〈Build your own SUKKAH!〉
proposal for SUKKAH CITY NYC 2010
国際デザインコンペ応募案

コンペ概要
コンペ参加：543組
提出物：100×75cmパネル1枚
（PDFとtiffの両方をオンラインで提出）

建築設計概要

「Sukkah City」は、マテリアルの新しい使い方やパラメトリックデザインによって都市にあるさまざまなデザインの制約への新しい可能性を提案する国際デザインコンペティションです。著名な建築家・デザイナー・批評家からなる審査団によって選定された12組のファイナリストが2010年9月19日、20日にユニオンスクエアパークの仮想の敷地に建設されます。

ニューヨーカーによってPeople's choice awardとして選ばれた1組は、ニューヨーク市で開催されるSukkotフェスティバル（仮庵の祭り）で、市民を楽しませるでしょう。プロセスとコンペの結果は、建設ドキュメントや講評とともに今後書籍 Sukkah City: Radically Temporary Architecture for the Next Three Thousand Years として出版予定です。

- 前衛的な仮設建築であり、永遠に未完成である。
- 屋根は手幅×4（4Handbreath=14 inch=355.6mm）以内の幅による独立した構造部材によってつくる。
- 通常吹く風に揺られても倒壊しない壁が必要である。
- 樹木の下や建築物の張り出した面の下に配置することはできない。
- 多くの特別な条例や例外規定が適応される。
- 屋根は木や葉・枝によってつくる。
- 利用者の目線が屋根や空に向かうようにつくる。
- 3枚の壁が必要だが、そのうち1枚は仕上げていなくてもよい。
- 高さは少なくとも手幅×10（10 Handbreath=35 inch=889 mm）は必要だが、腕尺×20（20 Cubit=360 inch=9,144mm）よりも小さくする。（平瀬有人訳）

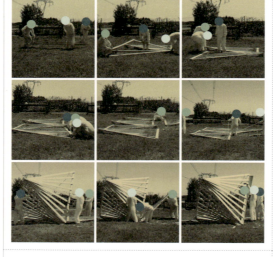

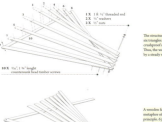

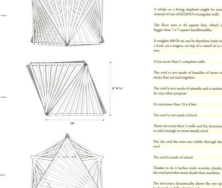

Tools

 carpenter's square

 miter saw

 clamps

 wrenches

 drill

 screwdrivers

hammer

Components

60 X fir planks ¾" x 3 ½" x 10 ft

6 X 1 ft ½" threaded rod
12 X ½" nuts and washers

12 X ⅜" bolts
12 X ⅜" nuts
24 X ⅜" washers

120 X ⁵⁄₃₂", 1 ¼" lenght countersunk head timber screws

24 X 9" wide hinges

96 X ¼" screws
96 X ¼" threaded inserts for wood

Operations

Step 1
Mark the wooden planks from 1 to 10, locate the exact position on the planks ends and drill holes with a driller.

Step 2
Slot planks from 1 to 9 into the ½" threaded rod, place a ½" washer and a ½" nuts on each end of the rod.

Step 3
Spread out the joined planks and connect plank 10 with planks 8 and 9 with ⅜" bolts, nuts and washers.

Step 4
Carefully position planks from 1 to 7 along plank 10, mark with a pencil their excess portions.

Step 5
Dismantle everything and cut the excess portions of planks from 1 to 7 with a miter saw.

Step 6
Now that you have the 10 planks templates, you are ready to build the six triangles you need. If you need to transport your KOSHO and install it somewhere else leave the 6 sets closed in bundles. if you are already working in your garden spread out the joined planks, re-position planks from 1 to 7 and screw them on planks 10.

Step 7
Lay down your 6 triangles, position the hinges along planks 8 and 9 of each triangle and fix them with ¼" screws and ¼" threaded inserts for wood.

Step 8
Once you have completed the first 7 steps and laid out your KOSHO on the floor as in the unfolded plan, you are ready to go! You might need some ropes to prop the structure as you fold up and join together the different faces of the polyhedron. A ladder is necessary only if you are less than 6 ft tall.

Step 9
Once your KOSHO is properly assembled and fastened you should be able to roll it on the ground to reach the exact position to enjoy it.

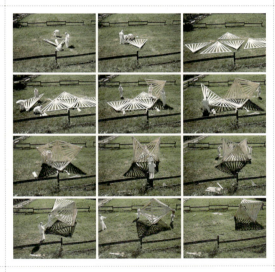

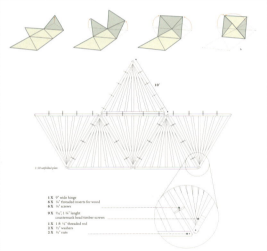

1 X 9" wide hinge
6 X ¼" threaded inserts for wood
6 X ¼" screws
9 X ⁵⁄₃₂", 1 ¼" lenght countersunk head timber screws
1 X 1 ft ½" threaded rod
2 X ½" washers
2 X ½" nuts

The lattice structure provides shade and is large enough to host a table and few chairs

The entrance - one of the two missing triangles - can be equipped with a curtain

A triangular hammock-like elastic net can be attached to the corners of the roof structure

A comfortable surface becomes available to lay down, watch the stars or simply fall asleep

Logic / Flat　ロジック・フラット

B Logic / Flat
ロジック・フラット

Case 2

Tool テキスト ダイアグラム イメージ 平面図 立体図 伏図 CG モックアップ写真

Contents 構成 アクティビティ

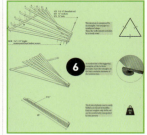
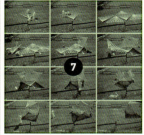
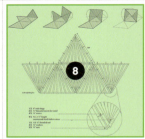
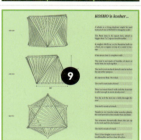
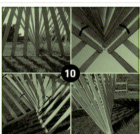

❶ コンセプト
テキスト ダイアグラム

造形をロゴ化し、デザインのアイデアとコンセプトを解説している。

❷ 制作ツール
イメージ

セルフビルドのための制作ツールを写真で示している。

❸ 組み立て方ダイアグラム
ダイアグラム テキスト

組み立てに必要なツールと部材をアイコンで示し、その方法をテキストで解説している。

❹ 作業工程
イメージ

部材の加工手順を、具体的な作業工程の写真で示している。

❺❼ 制作プロセス
イメージ

組み立てのプロセスを定点からの写真で示している。❺では役割が異なる3人の動きを色分けされたドットで表している。

❻ ディテール
ダイアグラム 構成

構造や接合部のアイデア、部材の重量を参照イメージとともに示している。

❽ 平面図・ダイアグラム
平面図 ダイアグラム 構成

平面図とその上に組み立て方のダイアグラムを示している。

❾ 立面図・伏図
立面図 伏図 テキスト

立面図・伏図と提案の特徴をテキストが示している。

❿⓬ イメージ
モックアップ写真

完成後のディテールと全景の完成イメージを示している。

⓫ 3Dイメージ
CG アクティビティ

利用する人のアクティビティを示している。

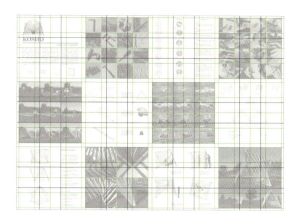

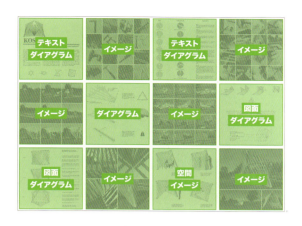

市松状のリズミカルなレイアウト

縦4段・横3列のグリッドに、さらにそれを三分割・四分割したふたつのグリッドが重ね合わされている。この二重のグリッドによって、4×3グリッドのマスの近傍にあるイメージや図面・ダイアグラムなどがなんとなく関係づけられたレイアウトになっている。これは視認性の面からもスムーズに見ることができ、たいへん見やすい。また、イメージとそれ以外を市松状に配することでリズミカルなレイアウトにもなっている。

フラットな4×3＝12コマのゲシュタルト

グリッドにもとづいて12コマのゲシュタルトはフラットに配されている。そのうち冒頭のひとつはテキストとダイアグラムによってコンセプトを示しているが、それ以外はヒエラルキーのないレイアウトである。どこから見ても内容が伝わる明快さがある。イメージとそれ以外のコマごとの表現方法は異なるが、市松状に並んでいるためフラットな表現となっている。

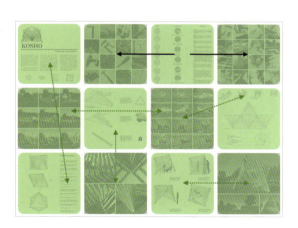

分散しつつも分かりやすいコンテンツ配置

01／コンセプトテキスト＋ダイアグラムを左上に配している。セルフビルドで組み立てる提案であるため、紙面のほとんどは「組み立て方」を中心とした内容となっている(02)。接合部のディテールなどを04で示し、2コマに分散して平面図・立面図(03)が示されている。利用者のアクティビティを想起するイメージを3D・モックアップ写真(05)によって表現している。

複数の表現手法によって相互補完するロジック

セルフビルドの提案であるため、制作手順をよりわかりやすく伝えるための「ツール」「部材」をアイコンのダイアグラムとそれぞれに対応する写真によって説明的に表現している。また、「組み立て方」はアングルを固定したふたつの視点からのプロセス写真を示すことで相互補完的に表現している。同じ外観イメージでも3Dとモックアップ写真で表現手法を変えることによって、一方は汎用的な表現として、もう一方は物質性を伝える表現としている。

C Sensibility / Hierarchy
センシビリティ・ヒエラルキー

Lecture

視覚のヒエラルキーを感覚で受け止めよ
坂牛 卓

図1：René Magritte, homesickness, 1940
ルネ・マグリット〈郷愁〉
© ADAGP, Paris & JASPAR, Tokyo, 2015 G0208

図2：Joan Miró, Paysage Catalan, 1924.
ジョアン・ミロ〈カタルーニャの風景〉
© Successió Miró-Adagp, Paris & JASPAR, Tokyo, 2015 G0208

このジャンルに分類されるグラフィックとは画面上にゲシュタルト的まとまりがあり、まとまり間に視覚的な階層性がありながら、階層間の論理的な関係性が希薄なものである。前2章同様ここでもそうしたグラフィックの特徴を理解するために少々遠回りだがグラフィック以外の例を最初に見てみよう。

グラフィック以外のセンシビリティ・ヒエラルキー

絵画——マグリット

ルネ・マグリットの〈郷愁〉は、ゲシュタルトとしてライオンと羽の生えた人間が見てとれる[図1]。ふたつはそれぞれ逆方向を向き、かたや立ち、かたや寝そべっている。そこには立つ、座るのヒエラルキーがある。次にそれらゲシュタルトの関連を見てみよう。シュルレアリスムの絵画にはふたつの画風があると言われる。ひとつはものごとのありえない組み合わせを描くもの。もうひとつは自動筆記などを用いた無意識世界の表現で〈郷愁〉は前者に分類される。ここでは併置された対象に論理的な関連性を見出すことは難しい。あえて言うなら「ありえない」関係ということになる。よってこの絵は論理的関連性のないヒエラルキカルな構図ゆえに、センシビリティ・ヒエラルキーに分類される。次にジョアン・ミロの〈カタルーニャの風景〉を見てみよう[図2]。この作品は上記ふたつの分類では自動筆記に属するものである。この絵はタイトルが〈カタルーニャの風景〉となっているが、見たものに直接的にその風景をわかってほしいとして描いているわけではない。自らの体験として保持しているカタルーニャのイメージを自動筆記で引き出しているものである。ここに現れているそれぞれの「図」同士は、描いているミロの深層心理のなかでは関連性を持ちうるのであろうが、見るものがそれを窺い知るのは難しい。見る側にミロと類似した体験がある場合にかぎり、ある感性を通してその関連性を感取する可能性が残されている程度である。ここにはその「図」の関連性に関して論理性があるとは言えず、それを理解する可能性としては感性に依存するしかない。その意味でこの絵画はセンシビリティ・ヒエラルキーに分類される。

都市計画——東京

都市の体験に話を移そう。ロジック・ヒエラルキーにおいては人工計画都市ブラジリア、ロジック・フラットにおいてはル・コルビュジエのパリの都市計画を例示した。このふたつの事例が示すとおり、ロジックとして読みとれるものはロジカルに意図されたものであることが前提となる。一方で計画が明確ではなく、むしろ自然増殖的な偶発性によって生じてきた街についてはそうした論理の授受が発生しにくい。たとえば東京という都市を考えてみよう。東京にもマクロ、ミクロの都市計画は江戸のころよりあり、それに沿った街づくりが随所で行われてきている。しかしそれは江戸、東京を通じて一貫性があったわけでもなく、また必ずしもすべての場所を計画的に発展させてきたわけでもない。戦争で焼け野原となったこの街では、部分的に江戸の街区を残しながら、あるいは江戸の建物の残滓を抱えながら、戦後の高度経済成

図3：デパートの化粧品売り場

長に乗っかって、資本の論理で増殖した部分も多くある。よってそこには計画性からはみ出た無計画な自然増殖が多々ある。たとえば、山手線の各駅に広がる街の性格は計画性を持ってつくられてきたわけではない。その場所の持っていた歴史、地形特性、そこに参入した資本、その場所の利便性などが混ざり合って現在の姿に至っている。山手線を一周しながら、それぞれの場所を体感したとき、そこに独自の雰囲気のまとまり（ゲシュタルト）は存在するが、その関係性に論理性はなく、そこから感じる側の感性を頼りにその連関を感取するに留まるのである。こうした体験はセンシビリティ・ヒエラルキーに分類されると考えてよい。

音楽──ミュージック・コンクレート

次に聴覚で考えてみよう。音符を音の最小単位として楽器あるいは声を通して音楽をつくり、演奏していた音楽の方法に対して、世の中に発生している音を録音してきてそれらをエディットしてつくる音楽がある。これをミュージック・コンクレートと呼ぶ。録音される音はたとえば、自動車の音、駅のアナウンス、機関車の走る音、風でそよぐ葉音などであり、ある長さでひとつのまとまりを持っている。このまとまりを音響オブジェと呼ぶ。音響オブジェの並び方は、ランダムな場合もあるし、ある意図のもとに並べられることもある。それを聞いた人はそこにある意図（論理）を感ずる場合もある。たとえば徹底して交通の音を並べ、次に家のなかの音のみを並べるということもある。とすればそこには、家の内外での音環境の差を明快にしながら家の外の騒音批判をするというような音楽が可能になる。一方でランダムに音響オブジェが並ぶ場合、それはミロの絵画のようにオブジェ同士の関係性には論理あるいは意味はないわけである。こういう音楽は音響オブジェという音のゲシュタルトを感じられるし、音質や音量にあるヒエラルキーが存在する。しかしそれらの関係性を論理的に理解することは難しいので、こうした音楽はセンシビリティ・ヒエラルキーに分類される。

匂い──化粧品売場

ロジック・ヒエラルキーでは3つの匂いが方向性を生み出す事例を、ロジカル・フラットではうなぎ屋の煙が強弱を持つことで匂いの方向性を持つ事例を示した。さてでは匂いのゲシュタルトを感じながら、それらにヒエラルキーがあり、しかしそれらに論理的関連性が感じられない匂いの群はあるだろうか？

例えばデパート1階の化粧品売り場を思い浮かべてみる［図3］。ここではシャネル、ディオール、クラランスなど多くの店舗が並び、化粧品、香水を並べる。そうしたお店の間を通り抜けるとそれぞれの店の前に各ブランド特有の香りが立ち込めている。匂いが強いところもあれば、自然系で匂いを抑えているところもあるし、花の香りもあれば、果物の香りもする。というように匂いのゲシュタルトとその強弱、種類の異なりからあるヒエラルキーを感ずるものの、この並び方は店の位置によって決まり、またそれらはおそらく場所ごとのテナント料の差などによって決まっており、匂いを感じとる側からするとランダムに並んでいるに等しい。以上のようにここには匂いの並びに論理性はなく、匂いを感じる側はそれらを感性的に感取するに留まるのである。その意味でこれらの匂いの群れはセンシビリティ・ヒエラルキーに分類される。

足裏感覚──荒川修作＋マドリン・ギンズ

足裏感覚では〈三鷹天命反転住宅〉を挙げておこう。この建物は荒川修作とマドリン・ギンズのデザインでつくら

図4：コム デ ギャルソンDM「COMME des GARÇONS× Ai WeiWei 2010」(2010年)

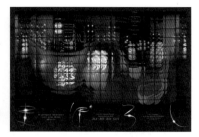

図5：ポスター「MABOROSHI」(デザイン：中野豪雄、2009年)

れた集合住宅である。一般に集合住宅の専用部の床はフローリングやカーペットであることが多いが、ここではモルタル、木、石、プラスティックなどが使われている。さらに一般室内の床材は表面の粗密はあるものの、おしなべて平滑であり、そして水平であるのに対し、凹凸のあるもの、ツルツルしているもの、さらに傾斜している面がある。ここを歩く人間は水平、斜面、ツルツル、デコボコといったいくつかの足裏感覚のゲシュタルトを感じとる。そしてそれらのゲシュタルトの配置は荒川修作とマドリン・ギンズによって感覚的に決められており、感取できる論理は存在しない。住人は足裏感覚のヒエラルキカルなゲシュタルトを感じつつ、しかしその関係性は感覚的に想像するのみなのである。そうした意味でここでの感覚はセンシビリティ・ヒエラルキーに分類される。

ポスターに学ぶ

さて本題の視覚に戻り、前2章同様グラフィックスの"兄"であるポスターに習ってみたい。

無関係型
1.「図」のつくり方
・背景に対して異種であること
2.「図」の関係
・無関係

　コム デ ギャルソンのDMのなかの1枚であるこの写真は、ペットボトルが積み上がった写真の前にスイカの図柄が置かれている[図4]。ペットボトルはどこかの野原のような場所に雑然と積み上がり、一方スイカはグラフィカルな図柄である。このふたつはその内容も表現法もまるで異なっており、ロジカルな関係性は認められない。その脈絡のなさはマグリットのライオンと羽の生えた男の示す無関係性に類似する。その

意味でこの「図」はセンシビリティ・ヒエラルキーに分類される。

暗示型
1.「図」のつくり方
・背景に対して異種であること
2.「図」の関係
・無関係

　とあるバーで行われたライブのポスターである[図5]。光のオブジェがいくつかゲシュタルトとして浮き上がっている。それらは特殊な加工を施され、グリッドに分割されているが、かろうじて元のイメージを想像することはできる。光のオブジェの関連性は不明でそれらはインテリア照明のようにも見えるし、商品のようにも見える。お互いの脈絡はあまり感じられない。ましてやこの画像を持ってコンサートのお知らせであることを想像するのは難しいが、夜に開かれる何かのイベントであることをほのかに感じさせている。

分析対象

センシビリティ・ヒエラルキー、センシビリティ・フラットの事例は4つ挙げることにする。これらにおいては事例の読み込みが感覚的であるゆえに小説の行間を読むようなものとなる。ある意味見る者の推測の域を出ない。よって析出できる妥当性のある情報量に限りがあると予想される。そこで読み込みは少なく、事例を多くして読者の理解を助けようと考えた。そのなかで最初の事例は、塩尻市大門中央通り地区市街地再開発ビルのコンペで佳作となった福屋粧子の案である[図6]。これはプロポーザルの案なのである程度ロジカルである。模型写真、図面、テキストのゲシュタルトは明瞭に見てとれる。一方、その関連性は比較的希薄で、むしろそれぞれのゲシュタルトを詩的に展開しているかのように見せ

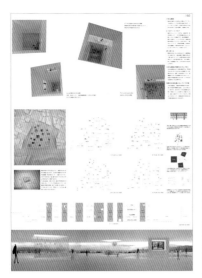

図6：福屋粧子建築設計事務所、長野県塩尻市大門中央通り地区市街地再開発ビル設計者選定競技佳作案(2006年)

図7：中山英之建築設計事務所、
第1回Tea House Competition最優秀案(2008年)

ている。その意味でプロポーザルとしては感覚的につくられたプレゼンテーションである。

ふたつめは「tea house competition」の最優秀となった中山英之の案である[**図7**]。これは菓子メーカーの製品を飲食・販売するパビリオンの実施コンペである。このプレゼンボードに描かれているのは緑の草原と空、そしてそこに建つふたつの小屋である。どちらの小屋にも建物高さほどある巨大なドアが開閉できるようになっている。まるでドアの家である。そしてそのドアの開閉の軌跡が平面上で見ると、草花の葉のようにロマンティックに見えてくる。もちろんこれは想像の域を出ない話であり、これらの「図」に何かを明確に伝えようとする論理性よりも、詩的に伝えようとする感性をより強く感じさせる。

3つめの事例は、青木淳が出題した新建築住宅設計競技の一等案である。審査員は青木淳。題は「住宅、映画の世紀を経験して」というもの。この1等案であるジュリアン・キング(Julian King)とクリスティーナ・リヨンズ(Christina Lyons)のプレゼンではふたつの大きな模型写真と6つの比較的小さな図面と見紛うような模型写真、そして平面図が掲載されている[**図8**]。大小8つの模型写真がこの建物のインテリアであろうことは想像がつくが、それらは若干の変形を加えられており、この建物のどの部分であるかは多少の想像を働かせないとわからない。加えて8つの写真が何のために何を言いたいのかは説明がないので、その受け取り方はおそらく人それぞれの推測の域を出ないものとなる。

4つめはU-30 Glass Architecture Competitionで1等となった岩瀬諒子の案である[**図9**]。この案は提案されている図柄が草むらのようであり、光の反射のようであり、ガラスの破片のようにも見え、見る側の想像力をかき立てるものである。複数のドローイングとパースが図となって表現されているが、相互の関係性は希薄で、感覚的に読み込むように置かれている。

以上4作品ともに「図」は明瞭に浮かび上がり、それらがヒエラルキーをもっているが、それらの間には論理的な関連性は見られず、図の深い読みは感覚に依存した想像的なものになる。その意味でこれらはセンシビリティ・ヒエラルキーに分類されるものとなる。

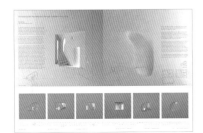

図8：ジュリアン・キング+クリスティーナ・リヨンズ、新建築住宅設計競技2009 1等案

図9：岩瀬諒子〈おくじょうのくさむら〉、U-30 Glass Architecture Competition 1等案(2013年)

C

Case 1

Sensibility / Hierarchy
センシビリティ・ヒエラルキー

福屋粧子建築設計事務所
長野県塩尻市大門中央通り地区
市街地再開発ビル設計者選定競技
第一次提案図書（佳作、2006年）

プロポーザル概要
プロポーザル参加：191組
提出物：A1用紙1枚

建築概要
敷地：長野県塩尻市
敷地面積：約4,900m²
延床面積：約8,500m²
用途：図書館・子育て支援施設・高齢者＋青少年交流施設・産業支援関連施設などの市民交流施設・民間の集合住宅

建築設計条件

長野県塩尻市大門中央通り地区市街地再開発事業は、中心市街地活性化のリーディングプロジェクトである市民交流センターによる「知恵の交流を通じた人づくりの場」を実現するとともに、上層階には集合住宅を併設して居住人口の増加を図り、中心市街地のにぎわいと回遊性を創出する先進的で市民が誇れる施設を目指すものです。

次の項目について提案してください。
・市民交流センター建築構想にある「知恵の交流を通じた人づくりの場」としての機能を十分に発揮できるための提案
・複数の機能が集まる利点を活かし、各分野の連携が図れるための提案
・まちの活性化につなげるために、周辺環境や立地条件を活かすための提案
・設計にあたって市民参画をどのように行うかについての提案
・市民交流センターと集合住宅との組み合わせが、それぞれにプラスに働くような提案
・その他の提案

グラフィックに関する条件

A1サイズ（横594mm×縦841mm）、縦づかい、厚さ10mm以内のボード貼り1枚とし、ボードの材質は軽量なもので枠無し、色等は自由とします。

Tool テキスト｜モデル｜図面｜ダイアグラム

Contents 風景｜空間

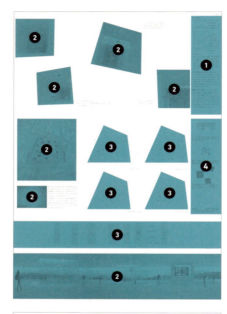

ゲシュタルトの置き方

❶ テキスト ❷ モデル ❸ 図面 ❹ ダイアグラム

上段と中段左、下段のモデルが中央の図面を囲んでいる。右側にテキストとダイアグラムが縦長に配置されている。モデルはやや斜めに傾けて置かれ、プランの台形と形の上での関連を暗示する。図面上の最も目立つ上部でグリッドをはずしてレイアウトしているため、小さなゲシュタルトだがインパクトが大きい。

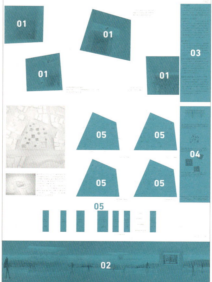

感覚的に読む

本来03テキスト、04ダイアグラムを読み、01と02モデル、05図面からロジカルに読解できるボードである。しかし01と02のモデルの印象が強烈で、そこから詩的想像を強く喚起させられる。

　上段の01（モデル）は垂直方向の抜けを、下段の02（モデル）は水平方向の抜けを感じさせ、この抜けが開かれた建築をアピールする。垂直方向に抜ける世界と、水平方向に抜ける世界はまったく異なる空間性を持っており、その差異が見る者をひきつける。また05（断面図）から読み取れる吹抜けの空間が建築内部の楽しげな雰囲気を醸し出す。

コンセプト：大きな部屋｜4つのベースフロア｜低く建てる｜大きな部屋が風景をむすんでゆく｜知恵の交流を通じた人づくりの場

ビジネス支援のための大きな部屋
情報を立体式の掲示板で交換することで
何世代もの知恵が共有される

大きな部屋
塩尻市の新しいにぎわいの場として、すべての世代にとっての学校の教室であり、リビングルームであり、広場でもあるような、まちの中の「大きな部屋」を探求します。

4つのベースフロア
塩尻コミュニティーコアは、分譲住宅・市民交流センター・市立図書館を中心とした新しいタイプの施設です。複合的機能を、順に4層のベースフロアに分け、各階の活動や住居のプライバシーを守ります。1階はエントランス、2階は図書館、3階は市民交流機能、4階は住宅であり、上にいくにつれてプライバシーが高まります。

低く建てる
敷地の四方に5mの空地をとり、道路側は広い歩道です。4層の建物で階高を抑えて低く建てることで、北側の住居の日照を守りつつ、街中商店街の日常に近い、低い場所に新しい図書館ができ、人のにぎわいをよびこみます。

みんなが集まる大きな部屋
住宅、市民センター、図書館閲覧室、にぎわい広場のすべての風景が混じり合う

子どもとおとなのための
おはなしの大きな部屋

大きな部屋が風景をむすんでゆく
大きな部屋は全て4層を貫通する、天井高15mのいろいろな大きさの部屋です。部屋の中には、住宅・市民交流センター・図書館のいろいろな風景がまざりあったり、お互いの気配を感じるような、とても小さな広場のような空間です。

知恵の交流を通じた人づくりの場
大きな部屋は、来館者や利用者や住民が、互いの知恵や情報を交換し、ともに学んでいく場です。なにげなく大きな部屋に立ち寄って教わったことを調べに2階に行ったり、逆に3階のフリースペースに行って教えたりすることで、地域全体の力をあわせて知恵が継承されてゆきます。

塩尻の家々が立ち並ぶように、建物のなかに大きな部屋が並びます。3方向の道路からそれぞれ図書館・市民交流センター・住居へのアプローチができますが、地上階ではすべてのプログラムを街のように体験できます。「大きな部屋」の使い方を、組合や利用者の方々と話し合い、ワーキングを重ねることで、この施設の詳細な計画/あえて計画しない部分について話し合うことが、市民にとってより良い施設になるのではと考えます。

1F PLAN S=1/600

3F PLAN S=1/600

2階・3階・4階のそれぞれの機能空間を取入れた「大きな部屋」が建物全体を抜けて、他の階との相互関係性をひろげてゆく

建物の中に街中のようなボリュームが散らばり室内からも見通しがききいる、室内風景を通して、建物の向こうの街が見えるような空間

2F PLAN S=1/600

4F PLAN S=1/600

大きな部屋が囲んだ残余として、自然に小さなスペースが出来上がってゆく、通路空間から気軽に利用できるミーティングスペース

図書館スペースでは、今後増加する資料を保管しつつ、本棚にぎっしりと詰まれる圧迫感をなくすため、高い壁書庫をつくって見通しのきく空間

SECTION S=1/250

192

43 Sensibility / Hierarchy センシビリティ・ヒエラルキー

C | Sensibility / Hierarchy
センシビリティ・ヒエラルキー
Case 2

中山英之建築設計事務所
第1回Tea House Competition
提案図書（最優秀賞、2008年）

コンペ概要
コンペ参加：853組
一次審査選定：10組
提出物：A2用紙1枚

建築概要
敷地：北海道河西郡中札内村
延床面積：10坪前後
用途：軽食販売スペース

Tool `パース` `図面` `テキスト`

Contents `風景` `空間` `アクティビティ` `形`

建築設計条件

六花亭は「河西郡中札内村」に「六花の森」を構想中です。当施設は6万平米の広大な敷地に「坂本直行記念館」の3つの展示棟、記念館の周りには画伯が愛した北の草花を植えた野草園が広がっています。自然の草花が根付くには時間がかかりますが、この敷地一帯が花咲く「六花の森」になることを夢見て、この先10年・20年と育ててまいります。美術館やレストラン、遊歩道や小川を設け豊かな北海道の自然や芸術に触れられる空間を目指しています。さらに大勢の方が素敵なひと時を過ごせるように、施設の充実を進めたいという思いで、今回「六花の森」の敷地内に、来訪者が気軽に使える軽食販売スペースの実施計画案を募集します。

グラフィックに関する条件

配置図・平面図・立面図・断面図（縮尺自由）・透視図（必要に応じて）・模型写真・設計主旨などをまとめる。

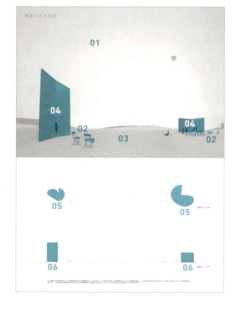

ゲシュタルトの置き方

❶ `パース` ❷ `図面` ❸ `テキスト`

上段に大草原と空を背景とする2棟の建物のパースがあり、下段に平面図と立面図が配置される。図面はパースと位置を合わせて描かれており、画面全体に比して極端に小さな図となっているが、この表現によって建物と周辺環境との関係がかえって際立っている。

感覚的に読む

対象となる建築物に対して、その背景である**01**空と**03**緑が極端に広く、また建物の一面が全面的に開放される**(04)**ことで、空や緑が建築を成立させるための大きな要素であることを暗示する。またドアを開けた平面図の図柄が葉っぱのよう**(05)**であり、自然との親和性に配慮した提案であることを喚起させる。また図面は見てのとおり、大きな余白のなかに点のように存在している**(05)**。その余白のほうがむしろ大事だと訴えかけているようにも読みとれる。また緑の上の家具**(02)**や人びと**(03)**が外部空間の重要性を伝えている。

コンセプト：「草原の大きな扉」

広い草原に大きな扉が立っている。扉の奥には小さな部屋があって、中にはちょっとした家具もある。大きな扉をひらくと、小さな部屋に風といっしょに草花のにおいが吹き込んでくる。遠くに見えるもうひとつの扉が開いて、誰かがテーブルと椅子を草原に並べている。ふたつの扉が動くと、草原に大きなリビングルームのようなまとまりが生まれたり、消えたりする。

草原の大きな扉

平面図　S=1:200

断面図　S=1:200

広い草原に大きな扉が立っている。扉の奥には小さな部屋があって、中にはちょっとした家具もある。大きな扉をひらくと、小さな部屋に風といっしょに草花のにおいが吹き込んでくる。遠くに見えるもうひとつの扉が開いて、誰かがテーブルと椅子を草原に並べている。ふたつの扉が動くと、草原に大きなリビングルームのようなまとまりが生まれたり、消えたりする。

C Sensibility / Hierarchy
センシビリティ・ヒエラルキー

Case **3**

ジュリアン・キング＋
クリスティーナ・リヨンズ案
Julian King + Christina Lyons
新建築住宅設計競技2009
「住宅、映画の世紀を経験して」
（1等、出題者：青木淳）

コンペ概要
コンペ参加：312組
主催：吉岡文庫育英会、新建築社
審査員：青木淳
提出物：A1用紙2枚・デジタルデータ

課題概要

最初の映画が上映されたのは、今から100年余り前のこと。以来、映画は飛躍的な勢いで発展した。20世紀を通して、世界各国で、無数の映画が撮られ、また無数の人びとが映画館に足を運んだ。今では、映画は、私たちの日常的現実の一部と言ってもよいだろう。映画以前と映画以降で、私たちがものを捉え、ものを考えるそのやり方は、はっきりと異なるものとなってしまった。

しかし、私たちの認識のそうした変化は、まだ十分に、建築のあり方を変えてしまってはいない。今でも、建築を伝える媒体は、静的なイメージつまり写真が主役である。映画、あるいは動的なイメージによって培われた思想や感覚によって徹底的に考案された建築であっても、流通するのは静的なイメージである。このことが、起こるべき変化を妨げるひとつの原因になっているのかもしれない。

もっとも、そんなブレーキも、インターネットで扱われる容量の増大化と共に、今や霧散しようとしている。だとすれば、既に映画の世紀を経験し、そのことを基盤とした私たちの認識や思考の仕方にふさわしい建築のあり方が、もう間もなく出現しはじめるのかもしれない。動的なイメージとして初めて捉えられる建築？ 図式を超えた建築？ 物語としての建築？ 映画の世紀を経験して、私たちの前にどんな建築が可能なのだろうか？ そうした問いに答える住宅案を期待している。（青木淳）

グラフィックに関する用件

設計意図を説明するに必要と思われる図面や、模型写真、図版、文章などを各自選択して描くこと。

Tool モデル 歪んだ図面 図面 パース テキスト
Contents 空間 形 質

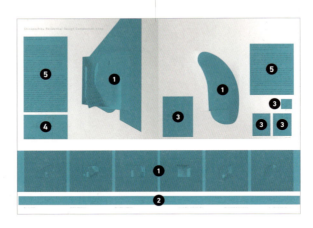
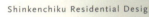

ゲシュタルトの置き方

❶ モデル ❷ 歪んだ図面 ❸ 図面 ❹ パース ❺ テキスト

上段にふたつの大きな断面モデルがあり、この建物の主たる空間であるかのような主張とも読みとれる。中段に歪んだ図面の帯があり、下段にも小さな断面模型が帯状に並ぶ。上段と下段には類似する模型があり、これらの関連を暗示する。

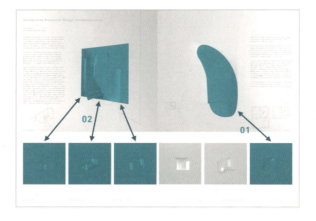

感覚的に読む

01,02：類似する大小の断面モデルが存在する。下段はシーンの展開を示し、上段はそのなかでも最重要な部分を示していると思われる。
03：平面図が潰されたように歪んでいることと模型も同様に潰されているように歪んでいることは、作者の主張する空間の2次元化を表すものだろうか？

コンセプト：アルベルティによる物体と空間の2次元平面への変換手法は、現代においても受け継がれている。現実世界の映画スクリーンへの投影は、ストーリーそれ自体と同じほどリアルになってきているイメージであり、われわれの存在の客体化に新たな次元をもたらしている。これは映画の脚本家が引退後に住まいとして自らの伝記を書くために既存の納屋を改修するプロジェクトであり、概念を実在へと投影する映画がもつ力をアイデアの着想としている。

このプロセスには、映画の場面展開の静止画にも似たパースペクティブな場面の絵コンテを3次元化する方法──実際のパースペクティブに固有の歪みをつくりだすこと──に関係している。画面が隠喩的なスクリーンとなり、人がその横や周囲を動きまわる軌跡を描くことでそこにつくられた歪みは現実となり、そのイメージはやがてそこに住まうことのできる物体となる。（平瀬有人訳）

＊転載にあたって
応募時にはなかったパース
（画面中段左）を追加した。
当時提出者の事情で
収録されなかったものだが、
本書の主旨に照らし、
修正版を収録している。

C Sensibility / Hierarchy
センシビリティ・ヒエラルキー
Case 4

岩瀬諒子〈おくじょうのくさむら〉
U-30 Glass Architecture Competition
「多様な光のあるガラス建築」
(1等、2013年)

コンペ概要
応募総数：指名5組
主催：旭硝子
提出物：A1用紙1枚＋1/50以上の大きさの模型

課題概要

ガラスは、透明性をもつ硬質素材という特質により、温度や湿度、騒音などから人々を守る役割を果たしながら、内部空間に明るい光をもたらし、外部環境への視界をクリアに広げることができる、現代建築には欠かせない存在となっています。閉ざしながら透明性をもつ未来的な空間には、人々に清々しさや感動を与える力があります。

この設計競技では、今後の活躍が期待される30歳以下の若手建築家から、ガラス素材の新しい使い方や表現の建築の提案を募ります。

建築設計条件

構造はとくに限定しませんが、原則としてガラスの特性を新しく読み取った建築の提案を求めます。ガラスの新しい使い方、照明を含む光の効果的な活用、ガラスの必然性などをキーワードに提案を期待しています。また、できるだけ現在の技術で実現可能な建築物の提案としてください。

グラフィックに関する条件

平面図、断面図、配置図(縮尺は自由)、透視図もしくは模型写真などを中心にして設計意図を表現してください。その他設計意図を表現する図あるいは説明文などを加えることも可能。

Tool テキスト ダイアグラム ドローイング
Contents 質 光

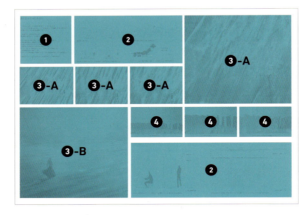

ゲシュタルトの置き方

❶ テキスト ❷ ダイアグラム ❸ ドローイング

この画面で最も特徴的なのはドローイングだろう。水平線に対して、約60°の角度で傾いた平行線の間が濃淡に塗りわけられ(❸-A)、近目ではその輝度差でゲシュタルトを確認できる。しかしやや遠目で見るとこれも薄れて、画面全体がぼんやりと輝いているように見えてくる。

感覚的に読む

特徴的なドローイングに注目すると、近目の濃淡のゲシュタルトは遠目で消える。そのとき、消えたゲシュタルトの代わりにジグザグな平行線の連続が現れ、それは稲妻のようでもあるし、割れたガラスの煌めきにも見える。あるいは別の視点からは粉雪の舞う草原に太陽の光が乱反射しているようでもある。さまざまな詩的な理解を誘発する。

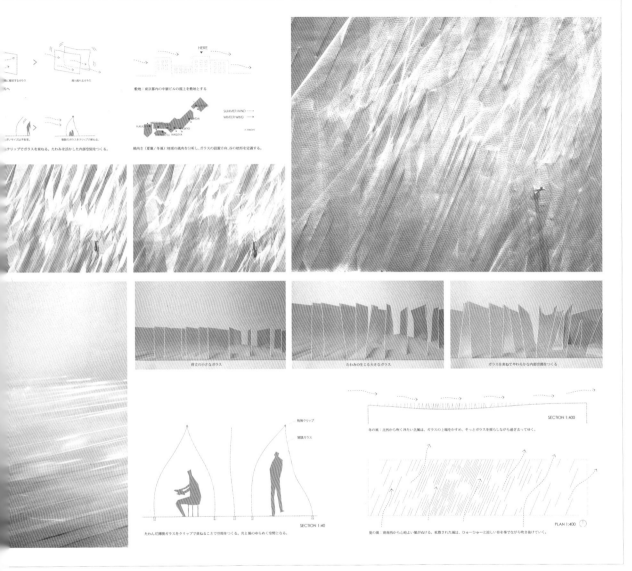

コンセプト：ガラスは、内外をつなぐ透明な面として、現代まで多用されてきた。一方で、境界面としての使用により、ガラスは風への抵抗を余儀なくされてきた。本提案では、「風へ抵抗するガラス」の在り方を見直し、「風と戯れるガラス」としての素材の在り方を提案する。①ガラス面に平行に風を流すことによって、風への抵抗を低減する。②微細な風に揺れる、薄膜ガラスを使用する。③単体では不安定な大きなサイズの薄膜ガラスを複数、特殊クリップで束ねることにより安定性を持たせる。④クリップの位置の調整により、ガラスのたわみやカーブを成形、固定し、内部空間やひかりの襞をつくる。⑤季節による主要な風向きを考慮することで、夏の南風を取り込み、冬の北風を避ける。

風がガラスをそっと揺らすとき、その光と影がやさしく空間を包み込む。

D Sensibility / Flat
センシビリティ・フラット

Lecture

フラットな視覚を感覚で受け止めよ
坂牛 卓

このジャンルに分類されるグラフィックとは画面上にゲシュタルト的まとまりを見出すのがもはや困難、あるいはあったとしてもそれらのまとまり間に視覚的な階層性がなく、論理的な関係性も読みとれないグラフィックグループである。ここでもそうしたグラフィックの特徴を理解するためにまずはグラフィック以外の例から始めてみたい。

グラフィック以外のセンシビリティ・フラット

絵画──ジャクソン・ポロック

戦後アメリカ東海岸を中心に発展した抽象表現主義の絵画は、そのほとんどすべてがセンシビリティ・フラットに分類される。

その筆頭はジャクソン・ポロックである。彼の一連のドリッピングを駆使した絵画はロジック・フラットで例示したモネの〈睡蓮〉以上に画面が均一である。それゆえやや遠目で見ると、この画像からはゲシュタルト的まとまりを認識するのは困難である。一方、視点をやや近くに持ってくると、ドリップしたある色の流れ（黒、白、緑など）がまとまりをもって現れてくるが、それぞれの色は絵の具が滴る偶然性に支配されてキャンバスに定着しているゆえに、その色のかたまり間には何の論理的関連性も見られない。そこでは感性によって感得されるものがほとんどとなる[図1]。したがってこの絵画は近目でセンシビリティ・ヒエラルキー遠目でセンシビリティ・フラットと言える。

ポロックと同時代にサンフランシスコで活躍したサム・フランシスの〈Big Red 2〉を見ると、これも画面は遠目ではほぼフラットであり、近くによると色ごとのゲシュタルトが見えてくる[図2]。しかしそのまとまりも連続的に他とつながっているようにも見え、まとまりは反復することで全体としてはフラットに見えてくる。またそれらまとまりごとの論理的関連性はない。それゆえこれも近目でセンシビリティ・ヒエラルキー、遠目でセンシビリティ・フラットと言える。また遠目でも近目でも図が現れないように描く画家として、バーネット・ニューマンを挙げることができるだろう。彼の絵画は均一な色で画面を塗りつぶすものが多い[図3]。そしてその均一な色のなかによく見ると、たまにストライプを入れることもある。しかし全体的にはほぼ均一（フラット）であり、図が読み込めないものにおいてはもちろん論理性は発生しないし、かろうじて図が読み込めるものもその論理性を類推するのは難しい。

都市計画──L.A.

センシビリティ・ヒエラルキーのところで記したとおり、ロジカルな認識を受けとるためにはロジカルにつくられていることが基本にある。その意味で東京のある部分は非論理で増殖したゆえにそこからロジックを読みとることはできないと説明した。都市は多かれ少なかれすべてがロジカルにできているわけはないが、無計画な増殖に多く依存している都市は相対的に論理性を感得しづらい。

ロサンゼルスをセンシビリティ・フラットな都市の例として挙げてみたい。その理由は、ロサンゼルスは世界都市のなかで相対的にではあるが、市内の地域特性が際立っていない。このハリウッドからの夜景が示すように延々と

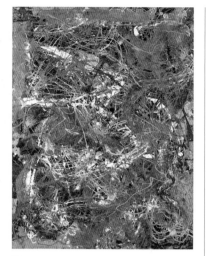

図1：Jackson Pollock, Untitled, around 1949
ジャクソン・ポロック〈無題〉

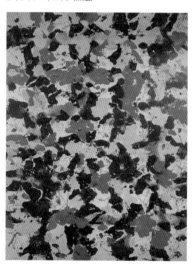

図2：Sam Francis, Big Red 2, 1979
サム・フランシス〈ビッグ・レッド2〉

© 2015 Sam Francis Foundation, California / ARS, N.Y. / JASPAR, Tokyo G0208

図3：Barnett Newman, Onement III, 1949
バーネット・ニューマン〈ワンメントIII〉
© 2015 Barnett Newman Foundation/ARS, New York/JASPAR, Tokyo G0208

図4：ロサンゼルスの夜景（WIKIMEDIA COMMONSより）

図5：長尺塩ビシートの床仕上げ

図6：ピンコロ石の広場

続くグリッドシティである[**図4**]。もちろんグリッドが敷かれているからと言ってこの街が均質（homogeneous）だという意味ではない。それはチャールズ・ジェンクスが言うように異質なものの混在（heterogeneous）する街なのである。しかしそうした異質なものは偏在することなく比較的にどこにでも存在している。アメリカの他の都市同様、超高層ビルが集中するダウンタウンが視覚的ゲシュタルトを構成する以外は、中低層建築が延々と続き、視覚的にも感覚的にもゲシュタルトを強く感ずるところが少ないのである。よってこの街では論理を構成するゲシュタルトを強く感じない。あるいはかろうじて現れるウエストウッド、サンタモニカなどのいくつかの柔らかいゲシュタルトを感じつつも、強い太陽とどこにでもあるパームツリーのオブラートに包まれてそのゲシュタルト間の論理は読みづらい。

音楽──ミニマル・ミュージック

聴覚刺激のフラットな分類としてロジック・フラットではミニマルミュージックを例示した。ミニマルよりも比較的音のゲシュタルトを感じさせるものの、全体にフラット感を持つ音楽ジャンルとしてノイズを挙げてみよう。例えばノイズの第一人者とも言えるメルツバウの一連の音楽は、過剰な音量で満たされたなかに数種類の音が比較的均等感覚で挿入されてくる。しかしそれは正確に均等ということもなく、奏者の感覚で適度に入ってくる。この効果音的な音の挿入にロジックを読みとるのは困難である。またノイズに分類されることも多いフルクサスのジョージ・ブレクトは、ドリッピング・ミュージックと称して空中からバケツやコップをめがけてジョウロのようなもので水を滴り落として音をつくった。そこでは水滴の音が水量に合わせて早くなったり遅くなったり、リズムも連続したり、断続的になったりし

て音を発する。その意味でこれらの音には、あるゲシュタルトを感ずる時間帯とそうでない時間帯がある（切れない音の場合はもはやゲシュタルトを感じられない）。ゲシュタルトを感ずる時間帯は音が断続性を持つときである。その音の配置は水の量による。それは奏者（水を落とす人間が）の手加減なのだが、その加減を論理的と受けとるのは難しく、もはや偶然に任せられているとしか聞こえない。つまりその音の感覚に論理性を読みとるのは困難なのである。

さて最後にもうひとつ、かの有名なジョン・ケージの4分33秒を例に出してみたい。この音楽はピアノ奏者がピアノの前に座り、4分33秒の間、何も弾かずに帰っていくというものである。そこでのケージの意図は、ピアノ以外に会場で聴こえてくる音に聞き耳を立てよというものである。実際、ケージ自身は著書で自らの「神経の働きと血流」を聞いたと言っている。つまり自分の心臓の鼓動である。このパルスはもちろんヒエラルキーのないフラットな音列であるが、その並び方には身体の状態が影響するものであり、論理性はない。

匂い──基地

センシビリティ・フラットに属する匂いとは匂いのゲシュタルトを感じられないもの、あるいは匂いのゲシュタルトを感じながら、そのゲシュタルトに階層性も論理性もないものである。前者の例としては日常の普通に生活している自宅や職場、あるいは学校での空気感を挙げることができる。こういう場所では匂いのゲシュタルトが強く感じられることは少ない。また後者の例としては、たとえばお盆のころの墓地を想像してみるといい。方々の墓石の前には線香が炊かれ、線香の匂いが墓地を覆う。線香の匂いにももちろん種類はあるものの、屋外でそよぐ風になびく匂いは薄まり、その香りの微妙な差

図7：梅田宏明「Holistc Strata」（YCAM委嘱作品）公演ポスター（山口情報芸術センター[YCAM]、デザイン：中野豪雄、2010年）

図8：JAGDA学生グランプリ2015グランプリ作品「雨」（デザイン：大谷陽一郎、2015年）

図9：ロンドンオリンピックポスター（デザイン：ブリジット・ライリー）
The 2012 Summer Olympics, design by Bridget Riley, 2012.

はあまり感じられない。香りは墓地全体でフラットになり、そこにロジックは見出しにくい。

足裏感覚――ピンコロ舗装

足裏触覚におけるセンシビリティ・フラットでは触覚としてのゲシュタルトを感じないもの、あるいは感ずるけれどその感覚には階層性も論理性もないものが当てはまる。ゲシュタルトを感じない例としては病院や工場の床などである。そこでは機能的にはわずかの目地も嫌うので病院なら長尺塩ビシートで、工場なら塗装で仕上げられるのが普通である[図5]。このような場所ではどこまでも同じ感覚であり、そこにゲシュタルトは感じられない。一方、後者の例としては欧米に多く見られる、ピンコロ石と呼ばれる1辺10cm程度の石による舗装である[図6]。石と石の間には多ければ1cm程度の目地があるので歩けばその石のデコボコ感（ゲシュタルト）が感じられる。しかし石は連続的な模様はあるものの、ひとつの石のサイズはほぼ同じであるため、その模様を足裏で感じとれるわけでもなく、足裏触覚は感性で理解されていくのみである。

ポスターに学ぶ

ドット反復型

さて本題の視覚に戻ってみよう。例によってグラフィックスの"お兄さん"であるポスターに習おう。

最初のポスターは中野豪雄が作成したダンサー・梅田宏明の「Holistic Strata」と題する公演のためのものである[図7]。画面にゲシュタルトは見出せず、光の粒が空間に散乱したかのごとく、黒い地に白い点がウェーブを描いている。画面をよーく見ると、そのウェーブの裏側に、Holistic Stradaという文字がうっすらと見える。また人の

ような影が今にも動き出しそうな姿勢をとっている。そうしたゲシュタルトは注視すれば見えてくるが、瞬時の表象としては黒い、あるいは白い斑点のうねりでありフラットである。もちろんその白い斑点間にはうねりという形態は見てとれてもそれ以上の意味を読みとることはできない。その意味でこれはセンシビリティ・フラットに分類される。

ライン反復型

このグラフィックはJAGDA（日本グラフィックデザイナー協会）主催の「JAGDA学生グランプリ2015」のグランプリ賞受賞作である[図8]。この作品は双子のようなペアのグラフィックである。おそらく何かを伝えるポスターのようなものではないだろう。この画面にもゲシュタルトは見出せず、左のグラフィックは縦横ラインを主として、右は斜めのラインを主として構成されている。タイトルは「雨」である。そう言われるとそう見えるのだが、タイトルなしでそれを想起するのは感性の可能性としては十分あるとしても、ロジカルに雨へ導かれる可能性は低い。その意味でこのグラフィックはセンシビリティ・ヒエラルキーに属するものと考えられる。

ストライプ型

これはブリジット・ライリー（Bridget Riley）によるロンドン五輪のポスターで「Rose Rose」というタイトルが付けられている[図9]。ロジック・フラットのところで例示したレイチェル・ホワイトリードの作品は、5色の輪をフラットに並べたものなのでフラットではあるが、ゲシュタルト（輪）間に論理性（五輪の5つの輪であること）が読みとれたが、このライリーのストライプは五輪色でもなさそうだし、色の種類も5種類以上ある。よってこのゲシュタルト（ストライプ）間の論理性は読みとれず、色の並びの関係性は感性で感じとるしかないのである。

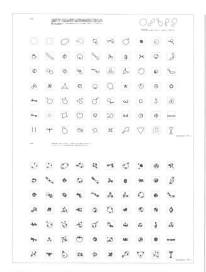

図10:北澤伸浩〈紐の家〉、新建築住宅設計競技2006
「The Plan-Less House プランのない家」3等案
(2006年)

図11:村野哲哉〈Wood Landscape Plan〉、
神戸芸術工科大学オープンスタジオ
「青木淳と建築を考える2009
——ドローイングから建築へ」優秀賞受賞案

分析対象

センシビリティ・フラットの分析対象は繰り返しになるが、画面上にゲシュタルトが感じられないもの、あるいは感じられてもそのゲシュタルト間に階層性も論理性も読みとれないものである。この手の画像は、比較的アイデアコンペや建築家のアーティスティックなドローイングに多く見られる。たとえば新建築住宅設計競技2006「プランのない家」(審査員:隈研吾)において3等となった北澤伸浩の案はひもでつくられた多くのプランが可能性として例示されている[図10]。それぞれのプランは四角い枠のなかに描かれ、ひとつのアイコン(ゲシュタルト)として現れるが、それらのアイコンには階層性も論理性も読みとれず、読みとれるのはその全体としての可能性の量である。

ふたつめは「青木淳と建築を考える2009——ドローイングから建築へ」で優秀賞をとった村野哲哉のドローイングである[図11]。線と点が駆使されたドローイング全体から受ける印象は、多少のゲシュタルトを感じさせながらもほぼフラットである。そしてそれらゲシュタルト間に階層性は少なく、また論理性は感じとれない。

3つめは岩間直哉+金塚雄太による「スモーカーズスタイル2006」コンペの佳作案である[図12]。これはたばこの葉のなかに花の種があり、それがさまざまな場所に花を咲かせるというアイデアである。花の種はさまざまな場所に漂着し、そこにヒエラルキーはない。

4つめはアイデアコンペ以外のものとして、石上純也のドローイングである[図13]。この画像上には細かなゲシュタルトが読みとれる。そしてそのゲシュタルト間にはうっすらと階層性と論理性が読みとれるのだが、むしろそれらを細かに読みとるよりも、この画面全体の持っている雰囲気を感得するように仕向けられているようにも感ずる。つまり読みとりの可能性を残しながらも読みとりを拒否して感性で受け取ることを望むような描き方と読める。

4つの画面は程度の差はあるが、視覚的にゲシュタルトを感じないか、あるいはゲシュタルトを感じとれた場合もその階層性、論理性が希薄で、見る側はむしろ感覚的にこれらを受けとることを求められているようなものたちである。

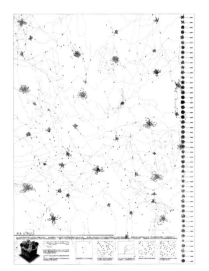

図12:岩間直哉+金塚雄太〈タネ×タバコ〉、
SMOKER'S STYLE COMPETITION 2006佳作案

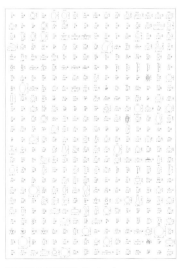

図13:石上純也〈Little Gardens〉、
DEROLL Commissions提案パネル(2007年)

D Sensibility / Flat
センシビリティ・フラット
Case 1

北澤伸浩〈紐の家〉
新建築住宅設計競技2006
「The Plan-Less House プランのない家」
(3等、出題者：隈研吾)

コンペ概要
コンペ参加：595組
主催：吉岡文庫育英会、新建築社
審査員：隈 研吾
提出物：A1用紙2枚・デジタルデータ

Tool テキスト ダイアグラム 図面
Contents 形 空間

課題概要

プランとは、生活を記述する手段であると、一般には考えられている。その記述の手法は、分節を原理とする手法である。住宅とは「壁」によって生活を分節する装置であると考えられてきた。それゆえ「壁」という要素だけを選び出し、それを強調して表現すれば、その「壁」を現す図面上の線が住宅の本質を記述したことになるのだと人びとは理解していた。

しかし、住宅とは「壁」だろうか。(中略)

なぜそんなふうに壁という記述方法に対して懐疑的になるのだろうか。

生活を分節し、それに空間的分節を対応させるという方法に違和感を感じるからである。その原因は空間の分節を無効にする「ケータイ」のようなデバイスにあるのかもしれないし、人間関係、家族関係の変化(不定形化)にあるのかもしれない。あるいは、そもそも「生活の分節」の前提であった「生活」のために人は家を建てる時代ではなくなったのかもしれない。人は何か別の目的のために、住宅をつくるのかもしれないし、もっと突き詰めれば、住宅をはじめとしてあらゆる「モノ」は、なんらかの目的のためにつくられるものではなく、ただなんとなくつくられる時代になったとも言える。それらすべてを見渡してみて、僕はプランがないという状態に関心がある。(隈研吾)

グラフィックに関する条件

配置図、平面図、立面図、断面図、アクソノメトリックまたは投影図、パース、その他設計意図を説明するのに必要と思われる図面を各自選択して描くこと。縮尺は自由。

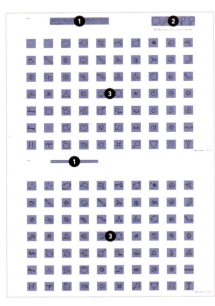

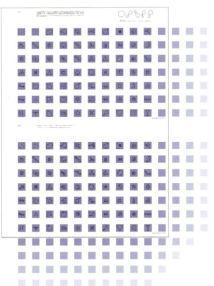

ゲシュタルトの置き方

① テキスト ② ダイアグラム ③ 図面

37mm角の正方形枠が小さなゲシュタルトを構成する。しかしこれらが縦14個、横10個、計140個が均等に配置されることで画面全体は均等に見えてくる。正方形の枠のなかにはさまざまな形が描かれているが、正方形枠の規定力が勝っているので均等性は崩れない。

感覚的に読む

1本の紐からできる形(平面図)が140個提示され、その平面のバリエーションはあたかも無限にできそうな可能性が暗示される。しかも1本の紐から構成されるものであり、瞬間的にさまざまな形が大量に生成されうることを示している。そうなるとこの家はいつ完成するのだろうか？ 無限プランの記述は終わることを知らない。

コンセプト：プランは一般的に線を引くことによって記述される。ここに挙げられているプランも基本的にはそれと変わらない。(中略)一般的なプランはある面積を幾つかの線によって分割し、それぞれの空間を定義していくが、ここでは面積が規定されず、自由に描かれる線分のほうがある一定の長さに規定されている。規定された長さの線により、その周りに空間が生み出され、様々な様相を示している。ある空間を分割して平面をつくるのではなく、一つの紐のようなものから空間そのものを作り出していく。ここにおける「プラン」とは、いわゆる記述の方法ではなく、創造の方法であると考えている。

「紐」のモデル：一定の長さを維持したまま曲がったり交差したり、ときに切れたりして空間を創り出す。

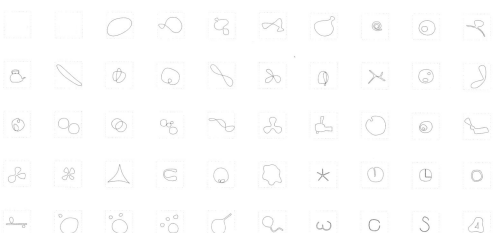

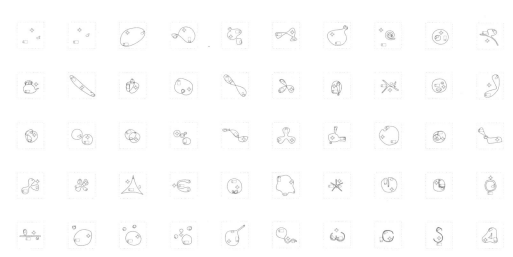

D センシビリティ・フラット

Sensibility / Flat

Case 2

村野哲哉〈Wood Landscape Plan〉
神戸芸術工科大学オープンスタジオ2009
「青木淳と建築を考える
——ドローイングから建築へ」(優秀賞)

スタジオ概要
応募総数：39組
主催：神戸芸術工科大学 環境・建築デザイン学科
審査員：青木淳
提出物：A2用紙1枚(片面横使い、デジタルデータ)

課題概要

建築ごとに、そのもっとも肝のところは、ずいぶんと違います。ある建築にとっては、そのすばらしく明解な構成が肝なのかもしれません。また他の建築にとっては、その空間が持つ得も言われぬ空気感こそが肝にあたるのかもしれません。どういう側面が最も大事なのか、は、建築によって、異なります。だからこそ、建築には無限の可能性がある、とも言えるわけですけれど。

肝とすることが異なれば、その建築をもっとも的確に表現する方法も、おのずから異なってきます。同じくドローイングで表現するにしても、その描きかたは、その建築の主題によって、ずいぶん違ってきます。「いいドローイングの描き方」というのがあるのではなく、求める建築の主題ごとに異なる、無数の「適切な」ドローイングの描き方があるのです。

このことを逆から言えば、あるドローイングの描き方、表現には、そこから自然に導き出されてくる建築の姿があるはずです。「そのドローイングを見て『いいなあ』と思うこと」を体現する建築が、きっとあるはずなのです。

だから、あなたが今まで見たことのないドローイング表現を考えてみてください。そして、その表現方法にあった建築を構想してみてください。(青木淳)

グラフィックに関する条件

ドローイング、配置図・平面図・断面図・立面図などの図面、コンセプト等を説明する文章、その他必要と思われるもの。縮尺、表現方法は自由。

Tool テキスト ドローイング
Contents 形 空間

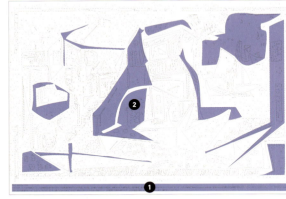

ゲシュタルトの置き方

❶ テキスト ❷ 図面

シュルレアリスムの自動筆記で描いたような意味を表さない不定形な図形が画面に散りばめられ、その隙間に植物のように見える記号が充満している。この自動筆記のような図形は、近目ではゲシュタルトを構成するかのようだが、遠目では画面を縦横無尽に走る一筆書きの線となって現れる。

Wood landscape plan
ピカソのキュビスムの絵画はいろいろな角度から見た物の形を一つ〔…〕大きいものは劇場やホール、小さいものはパビリオンまで様々な〔…〕

感覚的に読む

遠目の一筆書きの線は子どものいたずら書きのようであり、アーティストのドローイングにも見える。はたまた牧草地を区切る柵そしてその周りには羊、牧草、石ころ、ベンチ、花が見えてくる。牧歌的な風景のようでもある。もちろんピカソを連想することも可能でいかようにも読めるだろう。

る。ならば、その様々な角度から描かれ、抽象化された風景をさらに別の角度、視点、解釈で見ることはできないだろうか。そこで、ピカソの絵画 "Mediterranean Landscape" を森の中にある都市の平面図と見なしトレースし、ドローイングとした。一つ一つのボリュームは、
いボリュームやちいさなボリュームの隙間が道路や通路となり、もとの絵画を彩るように、木々が生い茂り、都市がつくられていく。

コンセプト：ピカソのキュビズムの絵画はいろいろな角度から見た物の影を一つの画面に収めたものである。ならば、その様々な角度から描かれ、抽象化された風景をさらに別の角度、視点、解釈で見ることはできないだろうか。そこで、ピカソの絵画 "Mediterranean Landscape" を森の中にある都市の平面図と見なしトレースし、ドローイングとした。一つ一つのボリュームは、大きいものは劇場やホール、小さいものはパビリオンまで様々なものがある。小さくて細長いボリュームやちいさなボリュームの隙間が道路や通路となり、もとの絵画を彩るように、木々が生い茂り、都市がつくられていく。

D | Sensibility / Flat
センシビリティ・フラット
Case 3

岩間直哉＋金塚雄太〈タネ×タバコ〉
SMOKER'S STYLE COMPETITION 2006
「パブリックスペースと分煙」（佳作）

コンペ概要
応募総数：903組
主催：日本たばこ産業
提出物：A1用紙1枚

Tool　テキスト　ダイアグラム　イメージ　ドローイング

Contents　風景

課題概要

近年、公共的な空間における喫煙スペースは減少しつつあり、また、喫煙マナーに対する社会的な要請から、喫煙場所を限定する自治体も増えつつある。

しかし、喫煙できる場所を少なくし、喫煙者を疎外することだけが解なのであろうか。

喫煙がひとつの大人の楽しみとして存在している中で、たばこを吸われる方と吸われない方とが心地よく共存できる空間のあり方を見つけていきたい。

グラフィックに関する条件

図面、パース、スケッチ、案のポイントが明確になる方法であれば、どのような表現も可。

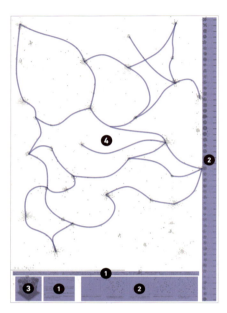

ゲシュタルトの置き方

❶ テキスト　❷ ダイアグラム　❸ イメージ　❹ ドローイング

網目状に広がる脳神経ネットワークのようなドローイングのなかに現れるネットワークの交点が、かろうじてゲシュタルトを構成している。しかしそれらは比較的均等に画面のなかに散在することで、全体としては星座のような均等性が現れる。

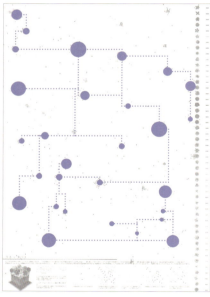

感覚的に読む

タバコの吸いがらに込められた花の種子がさまざまな場所で開花している。その様子は偶然に支配された布置のようだが、それは周到な灰皿の配置によって計画されている。花のネットワークがこのランダムな星座の裏に秘められている。

コンセプト：もし、タバコの中にタネが入っていたら、と想像してみよう。それは喫煙スペースを変える、小さな可能性を秘めているかもしれない。吸い殻として捨てられていくタバコの終わりが喫煙スペースを変える始まりとなる。喫煙者は様々な軌跡を描きながら、自らの喫煙行為と同時に一つの種を植えていく。

喫煙者がそこにいた、という痕跡がタネとして残り、やがて花を咲かせるだろう。喫煙スペースならではのお互いが顔を合わせる距離感を持つ花畑は、喫煙者のみでなく非喫煙者にとっても情緒のある、双方が共有できるスペースとなるだろう。喫煙者がまいた小さなタネによって小さな緑が都市を彩り始める。

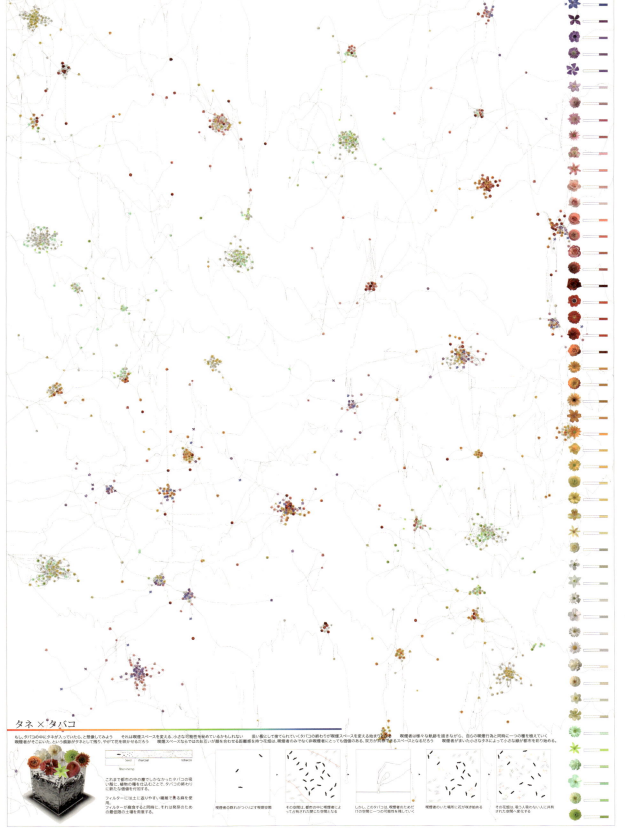

D Sensibility / Flat
センシビリティ・フラット
Case 4

石上純也〈Little Gardens〉
DEROLL Commissions提案パネル
（2007年）

概要
展覧会：DEROLL Commissions Series1：箱
場所：アルスギャラリー
日時：2007年10月31日〜11月4日
企画：岡田栄造

Tool 図面
Contents 質

コンセプト

「展示室のような器」

リトルガーデンは、無数の器が丸いテーブルの上に並べられた作品である。ひとつひとつは花器であることをこえて、押し花のために用意された小さな展示室である。たとえば、湾曲した壁に小さな花が飾られる。まるで、建築模型を眺めその中の空間を確かめるかのように、ひとつの小さな器の中に豊かな空間を感じ、それらの展示室の集まりからさわやかな街の風景を感じる。空間と背景を同時に感じ取る。

＊本提案は展覧会に出展されたパネルであり、コンペやプロポーザルへの応募にもとづくものではないが、センシビリティ・フラットの顕著な例を示している。

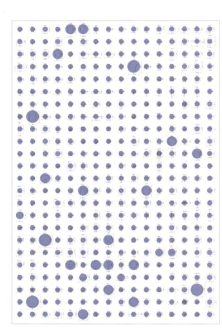

Infinity

Infinity

ゲシュタルトの置き方

器のデザインが縦方向に21、横方向に14並べられている。個々の器のデザインは微妙にすべて異なるのだが、遠目では形状の差は消え、大きさの差異のみが現れてくる。大きさを表すために寸法が入れられているが、この寸法も全体の均等性を高める記号に見えてくる。

感覚的に読む

均等配列の無限性が感じられる。形状の微妙な変化の可能性は無限である。しかしここでは突出したサイズの差が浮き出ており、この突然変異とでも言えるような変化に目が向く。作者の関心もそうした突出に向かっているのか、あるいはヴァリエーションの無限性にあるのか？

61

Sensibility / Flat　センシビリティ・フラット

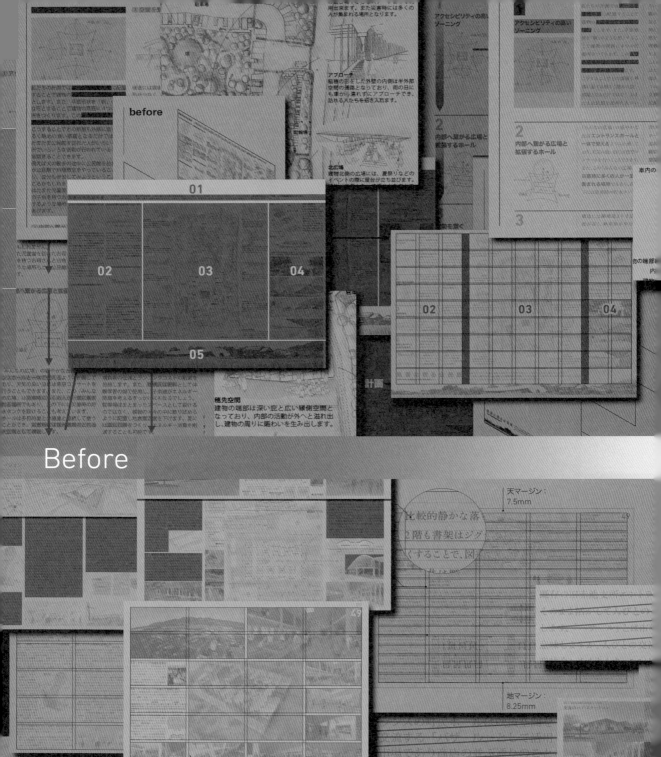

Before

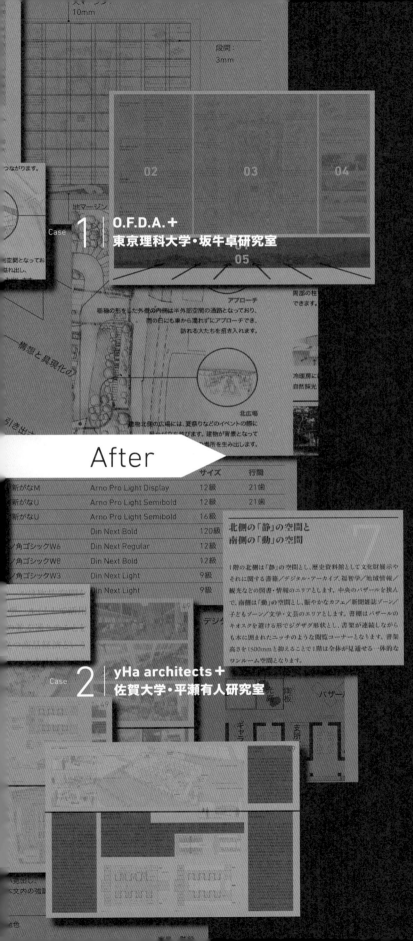

Chapter 2

実践篇

1章では4つのジャンルごとに、それぞれのグラフィックがどのような構想にもとづいてレイアウト、表現を行っているかを分析してきた。2章ではこれを踏まえて、実際につくられたふたつのプレゼンボードを題材にリ・デザインを試みる。ひとつめ(Case1)は坂牛卓によるA2用紙1枚でつくられた〈多賀町中央公民館〉のコンペ案。ふたつめ(Case2)はA3用紙4枚でつくられた平瀬有人による〈福智町立図書館・歴史資料館〉のプロポーザル案。いずれも実施を前提とした「ロジック・ヒエラルキー」型のグラフィックだが、内容に則したグラフィックの適切な処理と工夫を図るという点でこのふたつを例題にし、中野がグラフィックデザイナーの視点から再構築を行った。またリ・デザインにあたるプロセスにおいてどのような変更を加えていったかを詳細に解説し、多元的な情報の層を統合するうえでの、全体から細部に渡るグラフィックデザインの作法を開示していく。(中野)

Case
1
O.F.D.A.＋
東京理科大学・坂牛卓研究室

多賀町中央公民館
建築基本設計委託業務コンペ

プロポーザル概要
プロポーザル参加：176組
一次審査：2015年8月10日｜一次審査選定：5者
二次審査（公開）：2015年10月20日
提出物：一次提案書（A2×1枚）＋
二次提案書（A2×8枚以内）

before

素材の分解と分析

構造の把握とタイトル・リードの処理

多賀町中央公民館建築基本設計委託業務コンペのためにつくられた〈風景に宿る公民館〉のプレゼンボードは、大きく分けて次の3つのエリアで構成されている。

構想／計画／具体化

「構想」に当たるのが左側の4つの項目からなるエリアであり、見出しやスケッチ、解説テキストで構成されている。「計画」は中心の配置図とスケッチ、スケッチに付随する解説テキストからなり、「具体化」は右側の構造モデルを表す図面とイメージパースのエリアである。

左から右方向へ視線を動かしていくと構想から徐々に具体的なイメージが結ばれていくという意図がわかる。この大きな3つのエリアのなかに細かな階層が表現されており、詳細に読み進めていくほどに具体的な案のポイントが明らかになっていくようにつくられている。

リ・デザインにあたっては、この3つの大きなまとまりを崩さずに、むしろそれぞれの階層がより明確になるような調整を施していった。

図1の左はbeforeのエリア分布を示したものである。02〜04のエリアに加えて、01のタイトル・リードと、下部には05のパノラマのパースがおかれている。強調したいタイトル・リードとパノラマ・パースの間に、具体的な内容を示した02〜04が挟まれていることがわかる。

人がグラフィックを見るときには通常、横組みであれば左上から、縦組みであれば右上から見るという心理があり、タイトルは左上に置くのが定石だと考えられている。しかし02〜04の密度が高く、また視覚的にも強い印象を与えるため、タイトルやリード文にあまり視線が移らない。このような問題を解

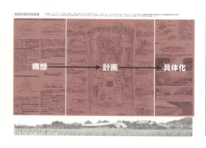

after

消するため、**図1**の右のようにタイトル・リードを下部へと移動し、パノラマ・パースとセットで固まるようにする。このパノラマ・パースは視覚的な印象がとくに強く、視線が低い場所に設定されていることから、遠近法を利用してタイトル・リードが最初に視界に入る要素として強調させることができる。また、パノラマ・パースの空の部分をグラデーションで背景に馴染ませることで、02〜04があたかもパノラマの空に浮かぶ概念図のような見え方へと展開できる。

細部のヒエラルキー

02のエリアのなかには［番号］［タイトル］［スケッチ］［本文］［本文内の強調］といった階層が組み込まれている。［番号］は順を追って読ませることを補助するため、読解において重要な要素であることがわかる。視覚的なヒエラルキーとして見ると、［番号］［見出し］［本文内の強調］が等価に扱われ、［スケッチ］［本文］は同程度の強さとなっている。

内容のヒエラルキーをグラフィックのヒエラルキーへと変換する場合、この序列を**図2**のように整理し直すことが考えられる。

この整理で行ったのは、［番号］［見出し］［スケッチ］をひとつのブロックで

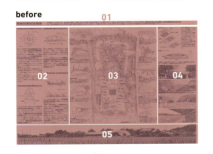
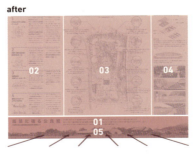

図1：左はbeforeの大きなエリア分布。02〜04の詳細を01と05が上下に挟んでいる構成。各エリアの密度が均一なのでヒエラルキーが弱く、タイトル・リードには最初に視点がとまらない。右のように01と05をセットにして下部に固めることで、紙面全体に遠近感をもたらし、タイトル・リードが手前に見えるようにする。

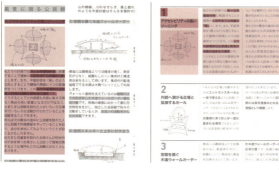

before	
視覚的な強度	内容
1	番号 見出し 本文内の強調
2	本文
3	スケッチ

after	
視覚的な強度	内容
1-1	番号
-2	見出し
-3	スケッチ
2-1	本文内の強調
-2	本文

図2：beforeは視覚的な強度におけるヒエラルキーが3つに分かれている。afterではふたつのまとまりを意識し、強調したいレベルに合わせてヒエラルキーを細分化する。

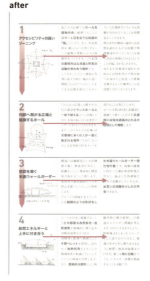

図3：beforeではジグザグの視線移動が発生するが、afterでは番号の流れと番号内の読解をレイヤーで分けることで、視線の流れをスムーズにする。

納め、内容の要点を把握できるようにしたことである。この次に［本文］を読むことになるが、［本文内の強調］部分は書体と文字の色を変え、本文とは異なるヒエラルキーであることを示した。

また、図3のように1〜4までを垂直方向に並び替えることで、目の動きを複雑にしないことにも配慮する。縦方向は番号の流れ、横方向は番号内の詳細を読む流れとして、見る側の視線の動きをうまくコントロールし、誘導することが、グラフィックデザインを行ううえでの最も基本的なポイントになることを押さえておきたい。

以上のように、全体と細部のヒエラルキーと視覚的なまとまりを把握したり、素材に含まれる意味を分析し、構造的な整理を事前に行うことが大切である。

視覚要素の設計

グリッドの設定

テキストと図版が複雑に入り混じる場合、一定のルールにもとづいたグリッドを設計しておく必要がある。また設計にあたっては、前途のような素材の特徴と、それらのヒエラルキーを意識した合理的なグリッドをつくることが望ましい。

ここでは本文サイズ16級／行送り28歯＊を基準とした横10段・縦9段のグリッドを設定した［図4］。

1段あたりの幅は12字分であり、beforeの19字に比べて狭くとっている。

また、この幅を「行長」と呼ぶが、このようにテキストと図版が複雑に入り組む場合、行長が短ければ視線の蛇行も短く済み、可読性が上がる。その

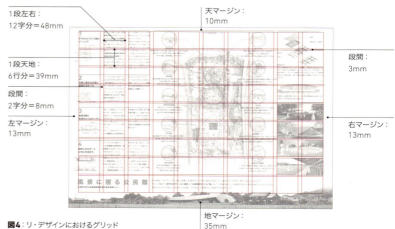

図4：リ・デザインにおけるグリッド

表1：書体／サイズ／行送りのリスト

用途	和文	欧文	サイズ	行送り
本文	本明朝新がなM	Arno Pro Light Display	16級	28歯
本文内の強調	ヒラギノ角ゴシックW8	Din Next Bold	16級	28歯
リード	本明朝新がなM	Arno Pro Light Display	18級	32歯
見出し	ヒラギノ角ゴシックW8	Din Next Bold	20級	28歯
番号	ヒラギノ角ゴシックW8	Din Next Bold	48級	—
キャプション	ヒラギノ角ゴシックW3	Din Next Light	14級	24歯

＊アプリケーションのデフォルトでは一般的に「ポイント」が採用されているが、これはインチ法に対応した単位であるため、数値によるコントロールが煩雑になる。そのため本書の組版ではメートル法に対応した「級」、「歯」を用いており、Case1、2のリ・デザインにおいても、同様の単位で表記している。
1ポイント＝0.35275mm｜1級・1歯＝0.25mm（P.79に換算表を収録）

「みんなの広場」の緩やかな丘はエントランスホールと一体で使えるように計画しており、天気の良い日には青空コンサートを行うこともできます。

「みんなの広場」の緩やかな丘はエントランスホールと一体で使えるように計画しており、天気の良い日は青空コンサートを行うこ

図5：字間調整の比較。左がツメ気味の設定で、右がデフォルトのベタ組み。字数の収容量に違いが生じる。また、ツメ気味の設定を行うと、1行ごとの見え方がラインとしてまとまり、レイアウトのコントロールがしやすくなる。

＊ただし、字詰めを行うことによって効果が得られる場合と、そうでない場合があることに注意したい。たとえば文字だけの読み物の場合は、むしろ字詰めを行わない方が読みやすいこともあり、縦組みの場合はベタで組むのが一般的である。内容と情報量、または階層構造によって検証の必要がある。

風景に宿る公民館
多賀町中央公民館建築基本設計委託業務コンペ

風景に宿る公民館
多賀町中央公民館建築基本設計委託業務コンペ

図6：タイトルの字間調整。左は調整後で、右は調整前。字間を開けることで他の字間との差異化をはかる。「多賀町中央公民館建築基本設計委託業務コンペ」の文言は「風景に宿る」部分のアンダーバーとしても機能する。

ため「構想」の解説テキストは行長を短く、2段組みで構成する。

書体／サイズ／行送り／字間

書体やサイズ、組版に関する情報を**表1**にまとめた。強調する要素の書体は太ゴシック、本文やリードなどの読ませる文章は明朝、キャプション類は細ゴシックとしている。サイズはグリッドのモジュールにしたがって16級／28歯を基本とし、他は整倍数で設定。字間はややツメ気味にして、過密な情報量に対応できる設定とする。このように文字スペースを最適化することで、図版のサイズや余白などを有効活用でき、1行1行の見え方がライン状に強調されるため、レイアウトのコントロールがしやすくなる利点がある[**図5**]。また、全体にツメ気味の文字組みに対してタイトルのみを均等アキとすることで、字間の差異を視覚的な強調作用へと展開できる[**図6**]。

視覚調整

レイアウト

レイアウトは横10段・縦9段のグリッドに準じて行う。ここで注意すべき点は、それぞれの視覚的なまとまりを崩さないようにするために、まとまりごとの間隔、つまり余白を意識することである。

03の配置図をグリッドにしたがって配置すると、どうしても窮屈な印象となるうえに、02、04との区別がつきづらくなる。そこでグリッドそのものに若干の変更を加える。**図7**のように、左の3段と右の2段をやや外側へとずらして、02と03、03と04の間隔を広くとる。これにより、中心を軸としたシンメトリーな構成がより強調されて、紙面

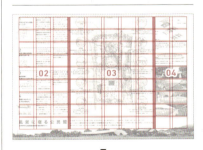

図7：グリッドの変更。02、03、04の間隔を広げる。値は16級2字分の倍の4字分＝16mm。

全体の構造をひと目でわからせることができる。

また、図版とそれに付随する解説テキスト、またはキャプションの間隔も適切な距離を保ち、全体のヒエラルキーが崩れないようにバランスを図ることが重要である。このような処理を「視覚調整」と呼ぶが、グリッドの設計どおりに情報を置くだけではなく、その結果としてどのような見え方になるかを再検証し、不適切な場所があれば微調整を施すことがグラフィックデザインにおいて重要なフェーズと言える。

視覚要素のアレンジ

中心の配置図では、ポイントになる箇所から引き出し線が伸び、スケッチで解説が加えられている。beforeではスケッチの輪郭線が自在に決められており、かえって配置図のなかに埋没する印象を与える。このような処理はおそらく「なじませる」意図にもとづいていると思われるが、ここではむしろ「全体を示す配置図」と「細部を示すイラスト」のヒエラルキーを明確にする方が、見る側は迷わずに済むと考えられる。そこでスケッチは正円のなかに収め、輪郭線をあえて強調させる。さらに配置図の輪郭をぼかして背景と馴染ませることによって、両者の差異を際立たせる。

これにより、丸窓はあたかもワイプ表現のように見ることができ、全体と細部の関係のみならず、そこに「寄って見る」という感覚が加わる。スケッチに関心を引く仕掛けとすることができるのである[**図8**]。

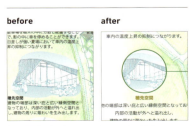

図8：配置図内に組み込まれたイラストの変更。afterでは丸窓を用いたワイプ表現にすることで、「寄って見る」印象を持たせる。

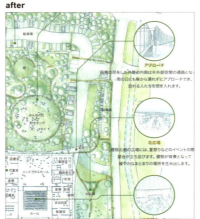

図9：配置図とイラストをつなぐ引き出し線の調整。紙面全体を水平・垂直の関係に整理したことに合わせて、引き出し線も水平・垂直45°に限定する。さらに配置図の柔らかい印象に沿わせるために角にアールを含ませる。

引き出し線はランダムな曲線ではなく、水平・垂直・45度を基本としつつ、プラン全体の柔らかい印象に合わせて角にアールを含ませる[図9]。

このように、細部を整えながらプランの特徴が活きるバランスを考えることも重要なポイントである。

組みの形式

文字組みの形式にはおもに次の3つがある。

- 均等配置（ジャスティファイ）
- 左揃え／右揃え（ラギッド）
- 中心揃え（センタード）

配置図内のスケッチの解説は、beforeでは均等配置で組まれているが、箱型の形状は柔らかい印象の配置図やイラストとの相性が良くない。ここでは中心揃えが最もなじむと考えた[図10]。イラストを収めた丸窓とも中心で揃えることができ、他のエリアとの間隔も十分にとることができる。また、組み方の違いによって配置図と丸窓の組み合わせが、紙面の中核を担っていることを伝える。このように文字組みの形式も、視覚要素の選択肢として視野に入れておきたい。

空間として見る

以上のように素材の整理から視覚調整までを述べてきたが、beforeとafterで何が大きく変わっただろうか。

　図11は両者の視覚的な強度をわかりやすく示すために3次元上のレイヤー構造として図化したものである。beforeは要素が同程度の密度で全体に分散しているため、フラットな印象を与える。一方、全体・細部ともに素材の性質を分析したafterでは、ヒエラルキーを再構築した結果、レイヤーは増殖し、それぞれがゆるやかにつながるような状態へと変化した。

　グラフィックデザインは2次元平面上での視覚操作と思われがちだが、実際には空間として捉える。つまり意味のヒエラルキーに合わせて手前・奥の関係を意識しながら調整を行うのである。こうした認識によって、情報構成の質は大きく左右されるのである。

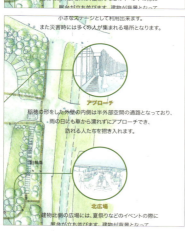

図10：丸窓に付随する解説分の、字組みのスタディ。上のラギッドに対して、下のセンタードの方が丸窓とのレイアウトの相性が良い。

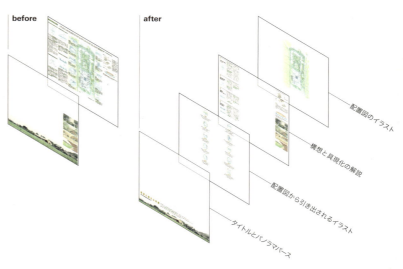

図11：視覚的な強度のレイヤー構造。
beforeはイメージパースが強く見えてそれ以外は弱く見える、というふたつのレイヤーとなっているが、階層の整理や強調の度合いを調整することで、レイヤーは増殖していく。
afterでは2番めのレイヤーと4番めのレイヤーの間に詳細な解説や図面が挟まれている構造となっており、配置図を中核としてそのなかに含まれるさまざまな情報を読み込んでいく構成としている。

afterのディテール（S＝1:2）

1 アクセシビリティの高いゾーニング

私たちの計画では**ホールを建物中央に配置する**ことで建物の4辺を全て公民館の「顔」とします。また、平面形状を「帆」のような形とすることで建物の周囲に四つの居場所をつくります。この**4つの居場所は公民館と町民の活動が滲み合う場所**です。こうすることでどの部屋も外部に面する明るく眺めの良い部屋となるだけではなく、たまたま公民館を訪れた人がいろいろな場所でいろいろな活動が行われていることを垣間見ることができます。

例えば犬の散歩の途中に公民館を訪れた人が公民館で料理教室をやっていることを知り、自分も参加してみようということが起こるかもしれません。はたまた児童室を訪れたお母さんが同年代の子供を持つお母さんと出会って情報交換するような場所もこの公民館にはたくさんあります。

冷暖房と給湯の熱源として**木質ペレット**を採用し、合わせて**地熱利用**もすることで環境負荷の低減とランニングコストの削減を目指します。また、燃焼灰は肥料として体...として設けるのでは...栽の木々の中に散り...うに配置し地表面...げます。夏には車に...くり、エネルギー消...することも可能です。

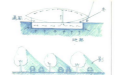

風景に宿る公民

多賀町中央公民館建築基本設計委託業務コンペ

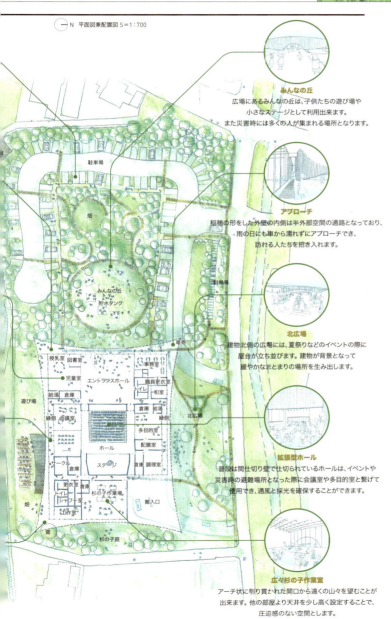

N 平面図兼配置図 S＝1:700

みんなの丘
広場にあるみんなの丘は、子供たちの遊び場や小さなステージとして利用出来ます。また災害時には多くの人が集まれる場所となります。

アプローチ
稲穂の形をした外壁の内側は半外部空間の通路となっており、雨の日にも車から濡れずにアプローチでき、訪れる人たちを招き入れます。

北広場
建物北側の広場には、夏祭りなどのイベントの際に屋台が立ち並びます。建物が背景となって緩やかなまとまりの場所を生み出します。

拡張型ホール
普段は間仕切り壁で仕切られているホールは、イベントや災害時の避難場所となった際に会議室や多目的室と繋げて使用でき、通風と採光を確保することができます。

広々杉の子作業室
アーチ状に刳り貫かれた開口から遠くの山々を望むことが出来ます。他の部屋より天井を少し高く設定することで、圧迫感のない空間とします。

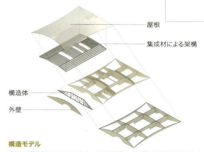

構造モデル
中央に構造的なコアとなるホールを配置し、井型に耐力壁を設けます。そのうち南北方向の稲穂のようなウォールガーダーが片持梁のような役目を果たし、ヴォールト屋根を支えています。こうすることで建物外周部の柱を極力減らし、周りの環境と建物の連続性を生み出すことができます。

冷暖房には地熱利用と木質ペレットを活用し環境負荷の低減をします。自然採光・自然換気を有効に活用します。

緑豊かな広場

穏やかな稜線をもつ外観

エントランスホール

縁側

町の豊かな自然と風景は町民にとって財産であり、生活の一部だと私たちは考えます。
の居場所をつくる「帆」のような平面計画はそんな多賀町の豊かな風景を連想させるかもしれません。
れが私たちの提案する「多賀町中央公民館」です。

Case 2

yHa architects ＋
佐賀大学・平瀬有人研究室［優秀賞］

福智町立図書館・歴史資料館
設計業務者選定プロポーザル

プロポーザル概要
プロポーザル参加：105組
一次審査：2015年3月7日｜一次審査選定：5組
二次審査（公開）：2015年3月21日
提出物：一次提案書（A3×2枚）＋
二次提案書（A3×2枚）

before

構造の分析

条件

「福智町立図書館・歴史資料館」のプロポーザルは、通常の規定と比べてやや特殊なものとなっており、A3用紙2枚で1次提案書を提出、2次提案書も同様の仕様で提出となっており、合計A3サイズ4枚でのプレゼンテーションが求められたものである。さらに1次の提出では、文章を補完するためのイラスト・イメージ図等の表現は認めるという規定も含まれている。このような特殊な条件に対しては、制約を伝達効果に転じるさまざまな工夫が必要となる。

beforeの構成を見てみると、1枚目と2枚目は4段グリッドをベースに、上部に全体のプランを見せるイラスト・パース、中心から下のエリアでテキストと図やイラストが配されており、左から右に向かって順を追ってプランの内容が把握できる構成となっている。

3枚目と4枚目は同様のグリッドを用いて具体的なイメージがしやすいCGパースと図面が大半を占め、そのぶん文字数は減少していく。各項目に付随する番号は1枚目から4枚目まで通しで振ってあり、4枚を通じてひとつのストーリーとして伝えようとする意図がうかがえる。

このような考えを視野に入れながら、意図がより伝わるようなストラクチャーを検討していく。

変化するストラクチャー

図1の上はbeforeのテキスト部分を示したものである。4枚を通じてテキストの開始位置を定めたストラクチャーを意図してはいるものの、2枚目、3枚目と進んでいくうちにそのストラクチャーの効果はやや曖昧になっている。

これを踏まえ、afterではテキスト開始位置を変化させることを考えた。構想の説明に大半を費やす1枚目から、2枚目、3枚目と進むにしたがって、テキスト開始位置は下へと降りていき、それに応じて図版の面積が増加することを視覚的に表し、プランが具体化していくストーリーが明確になるように変更を加えた。また、1枚目ではタイトルに付随するリード文が本文と同様に扱われているbeforeに対して、afterでは書体、色、行長、組みの形式を本文と異なる設定にし、水平の流れを意識した構成とした。

細部のヒエラルキー

各テキストには見出しが設けられているが、beforeでは番号と見出しのヒエラルキーが弱いため、全体を貫く通し番号があまり効果を発揮していない。本来であれば番号を大きくして明確に示したいところであるが、情報量の都合上限界がある。そこでafterでは、背景にグレーを敷き、白抜きで大きな番号をテキストの背景に見える変更を行った。また、見出

before

after
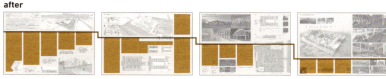

図1：beforeはテキスト開始位置を固定してストラクチャーとして見せている。
afterでは開始位置をボードを経るごとに下へと降らせ、文字量の減少とともに図版の面積が増加することを視覚的に表している。
また、beforeではテキストと図版との位置関係が場所によって異なるが、afterではそれを整理して、テキストに直接関連する図版は、テキスト下部に置くように統一にしている。

視覚要素の設計

グリッドの設定

前回のCase1同様、ここでもグリッドの設定を行う。beforeは横6段、縦4段のグリッドを用いており、4枚通してこのグリッドのとおりに素材の配置を行っている。

afterでは最小モジュールを本文のサイズ・行送りへと細分化しつつ、横長のイラスト・パースを基準にした横5段、縦18段のグリッドとしている[図3]。紙面の中に収めなければならない情報量

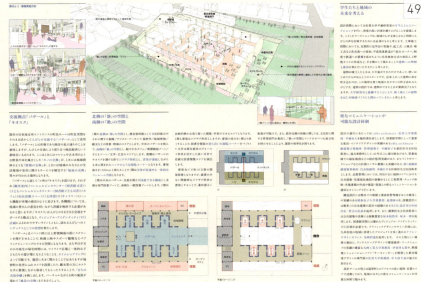

北側の「静」の空間と南側の「動」の空間

1階の北側は「静」の空間とし、歴史資料館として文化財展示やそれに関する書籍・デジタル・アーカイブ、福祉/地域情報/観光などの図書・情報のエリアとします。中央のバザールを挟んで、南側は「動」の空間とし、賑やかなカフェ/新聞雑誌ゾーン/子どもゾーン/文学・文芸のエリアとします。書棚はバザールのキオスクを避ける形でジグザグ形状とし、書架が連続しながらも本に囲まれたニッチのような閲覧コーナーとなります。書架高さを1500mmに抑えることで1階は全体が見通せる一体的なワンルーム空間となります。

2階は中央のバザール・光庭を囲んで回遊できる構成とし北

図2：見出しは文意に合わせて改行することで言葉が目立つ効果がある。また見出しと本文の間を十分にとることで、見出し全体が認識しやすくなる。番号は背景にグレーを敷いて「白色」とする。背景色を利用すれば、手前・奥の関係に変化をつけることができる。

しは文意にしたがって改行し、周囲に余白を設けることで見出しが番号とともに認識しやすいようにする[図2]。なお、この背景色は、白い面積が多いイラストの輪郭を保持する役割も果たしており、図面においても吹き抜けを示すために白色を使うことを可能にしている。

このようにして、背景に色を敷くことで「白」を一色と数えることができ、手前・奥の関係に変化を与えることが可能となる。ただし、テキストや図版などの可読性の妨げにならないよう、彩度のコントロールには注意が必要である。

は多く、階層も複雑である。このような場合、単純化したグリッドでは破綻が起きる可能性が高く、むしろ細かなマス目の方がさまざまな状況に柔軟に対応できる場合がある。beforeのグリッドは大きな間仕切りのなかに情報を詰め込むという感覚であるのに対して、afterのグリッドはテキストのモジュールを手がかりにしながら適切なレイアウトをその都度検討していくというフレキシブルな方法である。ただし柔軟性は確保できるものの、ページごとに統一性が異なる行き当たりばったりのレイアウトに陥る可能性も高い。使いこなすにはやや高度なテクニックを要するが、複雑な情報をわかりやすい紙面へと統合する

before

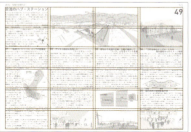
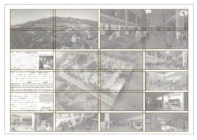

図4：リ・デザインにおけるグリッド

after
1字分＝3mm
天マージン：7.5mm
1段左右：25字分＝75mm
1段天地：3行分＝13.5mm
左マージン：10.5mm
段間：2字分＝6mm
右マージン：10.5mm
地マージン：8.25mm

表1：書体／サイズ／行送りのリスト

用途	和文	欧文	サイズ	行送り
本文	本明朝新がなM	Arno Pro Light Display	12級	21歯
本文内の強調	本明朝新がなU	Arno Pro Light Semibold	12級	21歯
見出し	本明朝新がなU	Arno Pro Light Semibold	16級	23歯
番号	―	Din Next Bold	120級	―
リード	ヒラギノ角ゴシックW6	Din Next Regular	12級	25歯
リード内の強調	ヒラギノ角ゴシックW8	Din Next Bold	12級	25歯
キャプション	ヒラギノ角ゴシックW3	Din Next Light	9級	12.6歯
図面内の文字	ヒギノ角ゴシックW3	Din Next Light	9級	12.6歯

うえでは有効なグリッドといえる。

書体／サイズ／行送り／字間

表1はここで使用している文字の仕様リストである。Case1に比べて情報量が多いため、それに準じて文字の設定も多岐にわたる。

before　既存の旧赤池支所エントランスの町民ホールは吹抜空間をそのまま活かして人びとの交流する「バザール」として活用します。「バザール」とは市場であり商店の並ぶ通りのことを意味しますが、人びとの交流により成り立つ商品経済という意味合いもあります。ここはときにはマルシェや古本市のよ

after　既存の旧赤池支所エントランスの町民ホールは吹抜空間をそのまま活かして人びとの交流する「バザール」として活用します。「バザール」とは市場であり商店の並ぶ通りのことを意味しますが、人びとの交流により成り立つ商品経済という

図5：afterはbeforeに比べて文字サイズが小さいものの、行送りが十分にとられているため、次行への視線移動に負担が少ない。

after

　図5は本文の可読性についてのbeforeとafterの比較である。実施コンペの多くでは可読性が求められ、文字サイズに規定がなされている場合も少なくない。しかし可読性は、一義的に文字サイズだけで成立しているのではなく、サイズ、行送り、字間など、さまざまなパラメータの相関関係から成り立っていることを押さえておきたい。図5が示しているように、文字サイズが多少小さくとも、行間を十分にとり、字間調整に注意を払えば可読性は確保できるのである。

視覚調整

記号と色彩の規格化

　図書館のコンペ案という性格上、プログラムや機能は多岐に渡り、視覚表現もさまざまな性質のものが要求される。ここでは、テキストやイラスト、概念図や図面、図面のなかでも既存部分と増築部分などがあり、それらに対応する視覚要素の高度な使い分けが必要となる。また、図面内の情報量は膨大になるため、線の太さひとつとっても検証が必要となる。リ・デザインにあたって最も苦労した点をいえば、まさにこれらの視覚要素のコントロールである。

　図6は、それぞれの記号や色彩を整理し直した、規格化の一覧である。

　まずは1枚目と2枚目で掲載されるイラスト・パースの配色を基準にしたキーカラーを設定する。これに明度と彩度に変化を加えたサブカラーを設け、図面やダイアグラムなどの図版へと対応させる。直接的な建物の図解ではない、補足情報としての図については、キーカラーと異なる色相を与えて差別化を図る。線幅と線種も見直し、

複雑に絡み合う状態になったとしても、読み取りに支障が出ないように検証を行い、規格化する。

このような細部に渡る調整は根気のいる作業だが、高いレベルでの調整がなされれば全体と細部が調和し、情報量にかかわらずスムーズな読み取りを見る側に提供することが可能となり、その他のCGパースや模型写真などの異質な画像が隣り合っても、互いを引き立てあう状態をつくることができるのである。

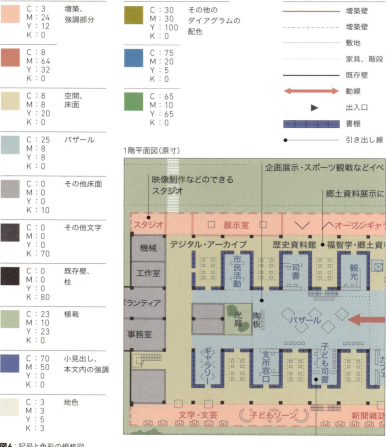

図6：記号と色彩の規格図

リ・デザインを行うにあたって最も強く意識した点は、内容のヒエラルキーに即した「コンポジション」のコントロールである。Case1の最後で述べた「空間として見る」という考え方もこれに由来する。

グリッド・システムはレイアウトを行ううえでの重要な手法であるが、コンポジションを意識せずにグリッドに乗せようとすると、タイル貼りのように平面的な見え方となってしまい、内容のヒエラルキーが喪失されてしまう。重要なのは、設定したグリッドに「埋める」のではなく「配置する」ことであり、そのためには余白をどのように活用するかも重要な視点となる。つまり、素材と余白の両方のバランスを考慮しながらレイアウトを行っているのである。それにより、各情報を際立たせながらもヒエラルキーが整理されている状態にすることが初めて可能になる。また、図6で示したように、素材そのもののディテールも紙面全体のコンポジションに少なからず影響を与える。

右ではafterのディテールを掲載した。それぞれの視覚要素がどのように影響を与え合い、バランスを保っているのかを参考にして、実践へと応用していただきたい。

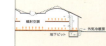

北側の「静」の空間と
南側の「動」の空間

1階の北側は「静」の空間とし、歴史資料館として文化財展示やそれに関する書籍/デジタル・アーカイブ、福智学/地域情報、観光などの図書・情報のエリアとします。中央のバザールを挟んで、南側は「動」の空間とし、賑やかなカフェ/新聞雑誌ゾーン/子どもゾーン/文学・文芸のエリアとします。書棚はバザールのキオスクを全開放できる大型折戸形状とし、書架が連続しながらも本に囲まれたニッチのような閲覧コーナーとなります。書架高さを1500mmに抑えることで1階は全体が見渡せる一体的なワンルーム空間となります。

2階は中央のバザール・光庭を囲んで回遊できる構成とし北側を専門図書ゾーン、南側を一般図書ゾーンにします。2階は比較的静かな落ち着いた閲覧・学習のできるエリアとなります。2階も書架はジグザグ形状としますが、書架の高さを1階より高くすることで、図書分類毎の落ち着いた閲覧コーナーをつくります。天井は既存躯体のヴォールト形状を活かした高い天井で、荘厳な図書閲覧エリアを演出します。

書架全てで約10万冊の開架図書となりますが、蔵書の少ない開館時もジグザグ形状の書架とすることで、違和感なく配架が可能です。また、既存北側の別棟に関しては管理部門を集約し、「静」の空間とリンクさせた機能を持たせることにより、運営の効率化を図ります。

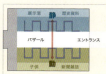

平面イメージ | 1F　　　平面イメージ | 2F

武雄市図書館
書架H=2,800mm

伊万里市立図書館
書架H=1,500mm

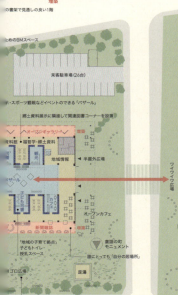

デザインで
地域を元気に

「絵本カーニバル」(田川市美術館)など九州の各地域と密着したプロジェクトを多く手がけるグラフィックデザイナー/アートディレクターの先崎哲進とともにヴィジュアルアイデンティティ(VI)/サイン計画を進めます。図書館通信のようなメディアの編集企画デザインとともに地域の魅力を情報発信したいと考えます。

ワークショップを通じて
地域と育む

設計・工事期間を通じて地域の方々と佐賀大学建築デザイン研究室のみならず九州工業大学環境デザイン研究室の学生とともに建築・広場＋ランドスケープのワークショップを行います。多くの学生たちと地域の未来を考えたいと思います。

メリハリをつけた
コストコントロール

建築工事費については過去実績を元にコスト管理を行います。極力既存躯体を活かした明るい内装とし、書架配置によってワクワクする空間としたいと考えます。

現時点では南北に増築の計画ですが地域の方々とのワークショップやコストを鑑みて、たとえば北側は駐車場からのアクセス経路となるような庇のみ増設(増築ナシ)するなど調整可能です。

補論

Case1、Case2では、元となるコンペ案、プロポ案のプレゼンボードを題材に具体的な変更過程を説明してきたが、この他にもグラフィックデザインの基礎として知っておくべきことはたくさんある。そこで補論として、建築プレゼンにおいて最低限必要な基礎知識に絞って掲載し、Case1、2と合わせて読み込むことで、グラフィックデザインの要点を抑えていきたい。

形態

ユークリッド幾何学に由来する「点」「線」「面」という考え方はグラフィックデザインの基礎として位置づけられている。点はものごとの位置関係を、線は長さや角度を、面は大きさや形を表しており、これらをコントロールすることは視覚造形を扱うことに等しい。

例えば**図1**のように、いくつもの円が異なる大きさで配置されているときに、私たちはそこに単純な面積の差異だけでなく、円そのものを空間に浮遊するオブジェクトと見なし、手前・奥の関係で捉えるのではないだろうか。または画面内に動きを見たり、類似する円の大きさや円同士の距離感を関係づけて、いくつかの群として認識することもできるだろう。このことはCase1で述べたように、視覚要素の大きさや密度、要素間の距離に応じて紙面が示すヒエラルキーに変化が生じることを意味している。逆の言い方をすれば、点・線・面の連続からなるグラフィックの諸要素を意味に応じて使い分け、コントロールすることができれば、伝えたい目的に沿った構成が実現できるのである。

また、人間が形を見るときに生じる心理的な作用も押さえておきたい。**図2**は四角と円を並べて

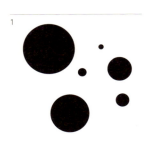

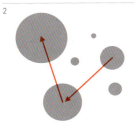

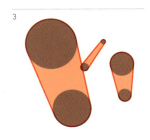

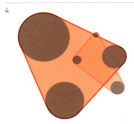

図1:
1：大きい円と小さい円に
手前・奥の関係を見ることができる。
2：小さい円から大きい円に向かって
画面内に動きを見ることができる。
3：距離が近いもの同士でいくつかの
まとまりとして見ることができる。
4：大きい円と小さい円のふたつの
群として認識することもできる。

図2：天地が同じ寸法の四角と
円を並べた場合、円の方が天地幅が
短く感じる（上）。これに対して下の図は、
円をわずかに大きくすることで、
天地が揃っているように見える。

いるが、ふたつの図形の天地を揃える場合、数値的な整合性とは異なる視覚調整が必要になる。このようにして、形態を知覚する人間の目と心理は非常に曖昧なものであり、定量化できない要素を多く含んでいる。

色彩

色には「色相」「明度」「彩度」の3つの属性があることは一般的によく知られている。マンセルやオストワルトの表色系はこれらの属性を3次元の座標を用いて体系化した色彩モデルであるが、いずれもコミュニケーションの手段として色に尺度を与え、言語として扱えるようにしたものであり、私たちは歴史的に培われてきた色彩言語の体系のなかで、色を選択していると言えるだろう。現在はドローツールに搭載されているカラースライダーから直感的に色を決めることができるが、先ほど述べた3つの属性から配色を考えるという論理性は、カラースライダーに含まれていない。

図3-1は、グラフィックデザインを経験していない人によく見られる配色で、WordやPowerPointのカラーパレットの標準色として見受けられる色でもある。それぞれの色が「黄色」「緑色」とはっきりわかるものの、明度・彩度がバラバラの状態だと言える。**図3**-2は本書のインデックスのカラーバリエーションである。この配色で注意した点は、「色相だけ異なる」ということである。明度と彩度を均一にし、色相は均等に変化するように調整している。

均一・均等な状態をつくるということは、「基準」をつくることと同義であり、この場合は明度・彩度を均一にすることで、色相だけに変数を絞るという基準化を行った。原色を基準にすると「混乱」から始まってしまうが、このような基準を設けることで、色相・明度・彩度を意識した配色を行うことが初めて可能になる。

色彩はグラフィックを構成するうえで欠かせない要素だが、多くの人に「色は感覚的に使うもの」という認識が強く、コントロールするというよりも無意識に選択している場合が多い。Case2の最後で述べた「紙面全体のコンポジションへの意識」は、形とともに等しく重要な、色彩への配慮も多分に含まれているのである。

書体

表1は本書の書体設定である。

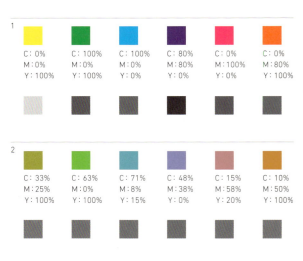

図3：
1：原色を基準にしたもので、下はグレースケールに変換したもの。
色は認識しやすいが、明度・彩度がバラバラな状態である。
2：本書のインデックスカラー。明度・彩度を均一にし、色相を均等に変化させた状態。
下は1と同様にグレースケールに変換したもの。明度が統一されていることがわかる。
本書では、この状態を基準として、ヒエラルキーをつけたい場合は
明度や彩度に変化を与えて配色をコントロールしている。

ご覧のとおり、本文、キャプション等の役割ごとで書体を変え、見出しや本文は同一書体のファミリーで使い分けている。この使い分けはCase1、2でも繰り返し述べた「内容の階層構造に即した視覚的なヒエラルキー」を実現するための方法である。そのため、和文書体を選ぶ際は、できるだけファミリー展開が充実している書体を使用することをお勧めしたい。

また、**図4**で示しているように、本書では「合成フォント」の設定を行っている。和文には和文書体を、欧文には欧文書体をあてがうことで、それぞれの言語に即した高品質な書体デザインを使用することができる。また、イタリックやオールドスタイル数字など、欧文ならではのさまざまな設定が行えることも利点である。

現在、モリサワやフォントワークスをはじめとするフォントメーカーから年間契約のパスポート制度が提供されており、書体についてこだわりたい、ということであればパスポート契約をお勧めする。また、欧文書体は単体でもファミリーでも購入することができ、日本語サイトからも手軽にダウンロードで購入することができる。

書体ひとつ、組版ひとつで紙面の印象ががらりと変わることがあるため、ぜひプレゼンテーションに最も適した書体、組版を見出していただきたい。

組版

形態の項で触れた3要素は、文字を組む際にも、文字は点、行は線、組版は面と置き換えて考えることができる。ここで重要なのは、点を均等に並べて線をつくり、線を均等に並べてフラットな面を形づくるということである。これによって紙面全体をコンポジションで捉えられるようになる。逆を言えば、組版をおろそかにすると、どんなにレイアウトを工夫してもまとまりのないものになってしまう。

図5は和文の縦組みと横組み、欧文それぞれの字間を比較したものである。見てわかるとおり、縦組みの場合は文字ごとの間隔がそれほど目につかないが、横組みになると途端に字間のばらつきが際立ってくる。一方で欧文の場合は字種ごとに左右幅が異なるため、横組みに最適化された字形であることがわかるだろう。

平仮名・片仮名はもともと漢字を縦書きで書き崩して成立した背景がある。これが活字版印刷に移行するにあたって、それぞれの字種が正方形のなかに収められ、現代の組版システムの基礎となった。そのため、和文は縦組みに特化しており、横組みを前提としていない字形なのである。建築のプレゼンテーションの場合、ほとんどが横組みで組まれることを前提として考えると、字間調整にはあらかじめ注意を払う必要がある。

なお、Adobe InDesignでは、漢字・かな・句読点などの約物ごとに字間を細かく設定できるので、オリジナルの詰め設定を開発することにチャレンジしてもよいだろう。

表1：本書の書体とサイズ・行間の仕様。

イントロダクション｜Chapter1・Lecture｜Chapter2｜あとがき				
用途	**和文**	**欧文**	**サイズ**	**行送り**
本文	本明朝新小がなM	Arno Pro Light Display	12級	22歯
小見出し	本明朝新小がなM	Arno Pro Light Semibold	15級	22歯
孫見出し	ヒラギノ角ゴシックW6	Din Next Light	10級	22歯
キャプション	ヒラギノ角ゴシックW3	Din Next Light	8級	13.2歯

Chapter1の分析｜Chapter2・補論				
用途	**和文**	**欧文**	**サイズ**	**行送り**
本文	ヒラギノ角ゴシックW3	Din Next Light	10級	18.32歯
小見出し	ヒラギノ角ゴシックW6	Din Next Regular	8級	13歯

1 建築プレゼン2015のDesign

2 建築プレゼン2015のDesign

3 建築プレゼン2015のDesign

図4：
1：和文・欧文・数字全てを「本明朝新小がな」で組んだもの。
2：和文を「本明朝新小がな」、欧文・数字を「Arno Pro Light Display」で組んだもの。
3：「合成フォント」を用いて欧文・数字を和文と同等のボリュームに調整したもの。

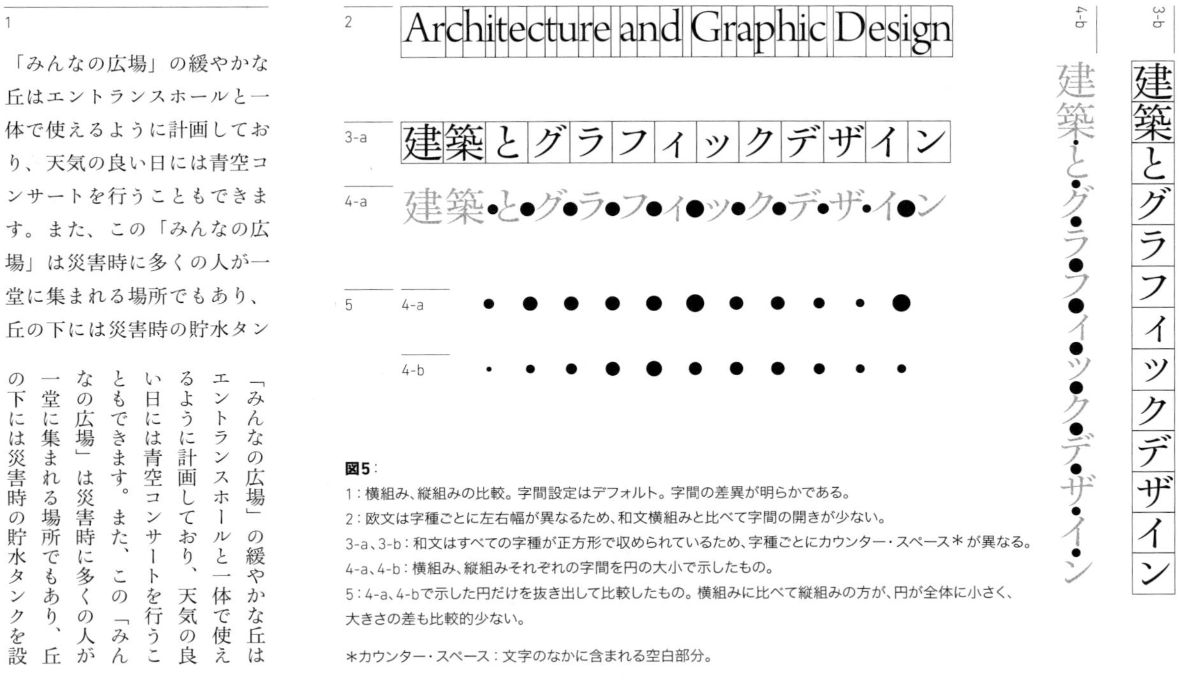
1
「みんなの広場」の緩やかな丘はエントランスホールと一体で使えるように計画しており、天気の良い日には青空コンサートを行うこともできます。また、この「みんなの広場」は災害時に多くの人が一堂に集まれる場所でもあり、丘の下には災害時の貯水タン
「みんなの広場」の緩やかな丘はエントランスホールと一体で使えるように計画しており、天気の良い日には青空コンサートを行うこともできます。また、この「みんなの広場」は災害時に多くの人が一堂に集まれる場所でもあり、丘の下には災害時の貯水タンクを設
2
Architecture and Graphic Design
3-a
建築とグラフィックデザイン
4-a
建築とグラフィックデザイン
5
4-a
4-b
4-b
建築とグラフィックデザイン
3-b
建築とグラフィックデザイン

図5：
1：横組み、縦組みの比較。字間設定はデフォルト。字間の差異が明らかである。
2：欧文は字種ごとに左右幅が異なるため、和文横組みと比べて字間の開きが少ない。
3-a、3-b：和文はすべての字種が正方形で収められているため、字種ごとにカウンター・スペース＊が異なる。
4-a、4-b：横組み、縦組みそれぞれの字間を円の大小で示したもの。
5：4-a、4-bで示した円だけを抜き出して比較したもの。横組みに比べて縦組みの方が、円が全体に小さく、大きさの差も比較的少ない。

＊カウンター・スペース：文字のなかに含まれる空白部分。

グリッド

本書のなかで積極的にとり上げてきたグリッド・システムについて、あらためてそのつくり方を押さえておきたい。

まずグリッドをつくるというのは、紙面で扱う素材のなかから基準、尺度を見出すことである。一般的には本文の文字サイズと行送りを基準とするケースが多いが、扱われる内容が読む行為を主目的とするのか、図とテキストが入り組んだ図解式なのか、図版主体で構成するものかによって、その尺度は変化する。

図6は本書の紙面に用いたグリッドである。文字量のコントロールを主眼とし、文字のサイズ・行送りを最小モジュールとして2種類のグリッドを使い分けている。図6-1は序文やLectureなど、文章を読ませるページに適用しており、12級22歯の本文組みを基準とした。図6-2はプレゼンボードやその分析を掲載するページに用いており、文字を読むことよりも図版を見ることに比重が置かれた場合に適用している。両者で段数が異なっていることもポイントで、図6-2の方が、紙面がより複雑な構成になることを想定した、柔軟性に配慮した設計となっている[図6-4]。

このようにふたつのグリッドを用いてはいるが、タイトルと本文の開始位置は統一しており、読み始める場所を本書全体のストラクチャーとしていることもわかるだろう。またこのストラクチャーは小口のインデックスの位置とも連動している。

1章で触れたようにグリッドは扱う情報の性格によってさまざまなつくり方があり、建築プレゼンにおいても、ロジック・ヒエラルキーからセンシビリティ・フラットまでの型に応じて、適正なグリッドは変化するのである。

1
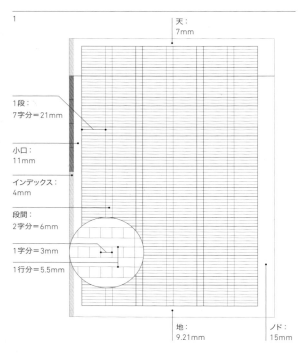

2
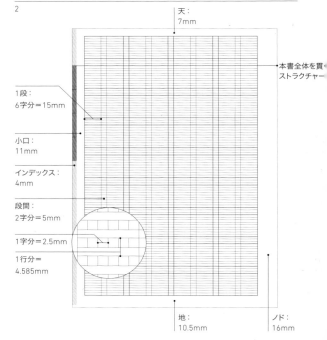

3
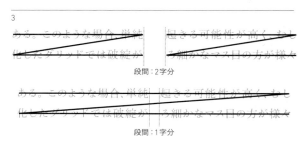

図6：本書のグリッド。本文の文字サイズ・行送りを最小モジュールとしている。両者のモジュールの違いによって、マージンに変化が生じるが、このグリッドでは地とノド部分を「逃げ」としている。
1：1章のLectureなど、読むことが主体のページに適用しているグリッド。
2：1章のプレゼンボードの紹介や分析など、図解を主体にしたページに適用しているグリッド。
3：段間の設定は「2字分以上開ける」という鉄則がある。図のように、1字分だと隣の段と連続して見えてしまうことが理由。また、文中で全角スペースを用いる場合も想定している。
4：本書のグリッドを用いて考えられるレイアウトパターン。3段組、4段組を前提としているが、あえて6段、8段とすることで、例外的なレイアウトが発生したときでも柔軟に対応できる。

4
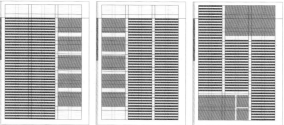
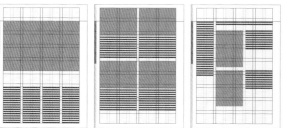

1のグリッドを用いたときのレイアウトパターン　　　　2のグリッドを用いたときのレイアウトパターン

付録1

デザイン単位換算表

凡例
1pt＝0.3528mm
1Q＝0.25mm
として換算した。
（1pt=1/72inch）
（1inch=25.4mm）

出典
工藤強勝監修
『デザイン解体新書』
（ワークスコーポレーション、2006年）

近似pt	Q（級）	mm	pt	Q（級）	mm	pt	近似Q
	0.2	0.05	0.142	0.423	0.106	0.3	
	0.4	0.1	0.283	0.847	0.212	0.6	
	0.6	0.15	0.425	1.129	0.282	0.8	
	0.8	0.2	0.567	1.27	0.318	0.9	
0.7	1	0.25	0.709	1.411	0.353	1	1.4
	2	0.5	1.417	2.822	0.706	2	
2	3	0.75	2.126	4.234	1.058	3	
	4	1	2.834	5.645	1.411	4	
3.5	5	1.25	3.543	7.056	1.764	5	7
	6	1.5	4.252	7.760	1.940	5.5	
5	7	1.75	4.960	8.467	2.117	6	8.5
	8	2	5.669	9.173	2.293	6.5	
6	8.5	2.125	6.023	9.878	2.470	7	
	9	2.25	6.378	10.584	2.646	7.5	10.5
	9.5	2.375	6.732	11.290	2.822	8	
7	10	2.5	7.086	11.995	2.999	8.5	12
	10.5	2.625	7.440	12.701	3.175	9	
	11	2.75	7.795	13.406	3.352	9.5	
8	11.5	2.875	8.149	14.112	3.528	10	14
8.5	12	3	8.503	14.818	3.704	10.5	
	12.5	3.125	8.858	15.523	3.881	11	15.5
	13	3.25	9.212	16.934	4.234	12	
10	14	3.5	9.921	18.346	4.586	13	
	15	3.75	10.629	19.757	4.939	14	
	16	4	11.338	21.168	5.292	15	
12	17	4.25	12.046	22.579	5.645	16	
	18	4.5	12.755	23.990	5.998	17	24
	19	4.75	13.464	25.402	6.350	18	
14	20	5	14.172	26.813	6.703	19	
	21	5.25	14.881	28.224	7.056	20	
	22	5.5	15.590	29.635	7.409	21	
	23	5.75	16.298	31.046	7.762	22	31
17	24	6	17.007	32.458	8.114	23	
	25	6.25	17.715	33.869	8.467	24	
	26	6.5	18.424	35.280	8.820	25	
	27	6.75	19.133	36.691	9.173	26	
	28	7	19.841	38.102	9.526	27	
	29	7.25	20.550	39.514	9.878	28	
	30	7.5	21.259	40.925	10.231	29	
22	31	7.75	21.967	42.336	10.584	30	
	32	8	22.676	47.981	11.995	34	48
	36	9	25.510	50.803	12.701	36	
	40	10	28.345	53.626	13.406	38	
34	48	12	34.014	56.448	14.112	40	
40	56	14	39.683	57.859	14.465	41	
	64	16	45.351	67.738	16.934	48	
51	72	18	51.020	73.382	18.346	52	
	80	20	56.689	79.027	19.757	56	79
	88	22	62.358	84.672	21.168	60	
68	96	24	68.027	95.962	23.990	68	
	100	25	70.862	101.606	25.402	72	
85	120	30	85.034	112.896	28.224	80	
	160	40	113.379	141.120	35.280	100	

グラフィックデザインをより深く知るためのブックガイド

佐河雄介・選

改訂新版 VISUAL DESIGN 1
平面・色彩・立体構成

日本グラフィックデザイナー協会 編
六耀社、1993年

平面、色彩、立体の構成方法をプロのデザイナーがわかりやすく説いた教科書的な1冊。ヴィジュアルイメージのつくり方を、CGから環境デザインまで、幅広い実例から紹介する。プレゼンテーションのレイアウトはもちろん、建築そのもののアイデアにもなるようなエッセンスが散りばめられている。

新版graphic design
視覚伝達デザイン基礎

新島 実 監修
武蔵野美術大学出版局、2012年

副題のとおり、グラフィックデザインで「伝える」ためのさまざまな表現方法に着目した1冊。特徴的なのは、印刷や製本、活字の歴史に触れられていること。巻末にはグラフィックデザインとタイポグラフィの歴史がわかる年表が付されている。デザインを基礎から学べる初学者必携の書と言える。

デザイン解体新書

工藤強勝 監修
ワークスコーポレーション
2006年

製本を前提としたレイアウトは、1枚ものの紙面とは別個のレイアウトルールがあるといったように、フォントの使い分けやレイアウトの基本はもちろん、DTPから製本まで本づくりに関わるさまざまな原則が網羅的に紹介されている。これからポートフォリオをつくる学生だけでなく、事務所の作品集をまとめたいという設計実務者にもおすすめの1冊。

Balance in Design（増補改訂版）
美しくみせるデザインの原則

キンバリー・エラム 著、バベル 訳
ビー・エヌ・エヌ新社、2005年

自然から建築まで、形の原理を数学的に読み解いた好著で、巻頭に記されたマックス・ビルの一文「私が思うに、ほとんど数学的思考だけを頼りに芸術を生み出すことは可能である」が印象的。著名なグラフィック作品が収録されたページには、方眼が印刷されたトレーシングペーパーが挟み込まれており、これらを重ね合わせると構造が一目瞭然になる造本の仕掛けもおもしろい。

欧文書体
その背景と使い方

小林 章 著
美術出版社、2005年

たとえば新聞が「丸ゴシック」で印字されていたら読み手の印象はどう変わるだろうか？ 書体が紙面のトーンを左右するのは和文も欧文も同じこと。文字の使用にはルールとマナーがある。本書はフォントデザイナーである著者が欧文書体について、その選び方から設計するうえでおさえておきたい知識まで懇切に説いた1冊。国際コンペに挑戦する際には一読しておきたい。

もじのみほん
仮名で見分けるフォントガイド

アイデア編集部 編
誠文堂新光舎、2012年

ABCのみほん
かたちで見分けるフォントガイド

アイデア編集部 編
誠文堂新光舎、2013年

和文と欧文、セットで持っておきたいコンパクトなフォントの見本帖。デスクトップ上で、数あるフォントから使いたい雰囲気の字形を見つけるのはなかなか骨の折れる作業だ。そんなときにこの本をめくれば、イメージに近いフォントが見つかるかもしれない。フォントにもこだわりたい人にはうれしい2冊だ。

おわりに

学生の図面レイアウトにあきれた坂牛がSNS上で愚痴ったのがこの本をつくるきっかけだった。文句を言ったついでに、Kimberly Elam, *Grid Systems* (Princeton Architectural Press, 2004)というレイアウトの本が参考になるというようなことをつぶやいたら、同様に苛立ちを持っていた平瀬がSNS上で共感した。奇しくもスイススタイルのグラフィックデザイン発祥の地・バーゼル在住経験のあるふたりだった。いったいどうしたらレイアウトが上達するのか？ そのためには何を教えたらいいのか？ 平瀬はそのとき、**じゃあ僕たちが必要とするような教本をつくればいい**と言った。そうしたら間髪を入れずに鹿島出版会の川尻大介さんが「その企画買います」と会話に割り込んできた。それが2012年の暮れだった。

さっそく2012年末から東京で議論を開始。しかしそのころは、ただレイアウトが悪いということだけでいったい何をどうすればレイアウトの本質に迫れるのかもよくわからなかった。そこで坂牛は青山ブックセンターで「レイアウト」と名のつく本をかたっぱしから買い込み、研究室に積み上げて目を通した。そしてわかったことは、簡単に言えばレイアウト本の半分は作品集で、半分はレイアウトのイロハ集であった。勘の鋭い学生は作品集を見れば上達するだろうが、そういう可能性があるのは全学生の1割程度である。イロハ集はあまりに原則が多くてどれをどのときに使えばいいのかで悩む。つまり技の使いどころがわかるようには書かれていない。ということでやることは分かった。**技の種類とその効果を明確にすること**。

そこで考えたのが〈ロジック←→センシビリティ〉、〈ヒエラルキー←→フラット〉という2軸によるマトリクスであった。2013年は平瀬がこれまで独自に集めた膨大なコンペの資料（2005年ごろから現在に至るまで130種以上の国内主要コンペ入選作品パネルデータを収集）を吟味した。さらに毎月、コンペ案や絵画、ポスターなどを持ち寄っては会議室の床にテープでマトリクスをつくって図版を置き、それらを上から眺めながら議論するという躍動的会議を続けた。そんな会議を1年続けたあるとき、単に人の案を分析するだけではなく、このマトリクスに合わせて実際につくってみるのはどうか、それもプロのグラフィックデザイナーに頼むのはどうかと川尻さんが提案した。坂牛と平瀬は異口同音に賛成。そして中野豪雄さんがチームに加わったのが2014年4月である。そこから2014年はプロの厳しい目でさまざまなプレボやポスターが分析され、**坂牛と平瀬は目から鱗が落ちる思いだった**。そして2015年に入り、出版をめざして悪戦苦闘を続けたのだった。

最後に、坂牛、平瀬の案を根気よく本に仕立て上げてくれたのは鹿島出版会の川尻さんである。その川尻さんがお連れになった中野さんなくしてこの本が存在しないのは見てのとおり。また本書制作の全行程を補助して若者の的確な意見で私たちを啓発したのは坂牛の助手の佐河雄介君である。そして何より貴重なプレゼンテーションを惜しみなく提供してくれた建築家の皆さんの協力がなければ本書は成立しなかった。全員にこの場をかりて御礼申し上げたい。

———— 坂牛 卓｜平瀬有人

坂牛 卓　Taku SAKAUSHI
建築家、東京理科大学教授

　1959年東京都生まれ。1985年UCLA大学院建築学科修了。1986年東京工業大学大学院修士課程修了。同年、日建設計入社。1998年O.F.D.A設立。信州大学教授を経て2011年より現職。博士(工学)。『建築の規則──現代建築を創り・読み解く可能性』(ナカニシヤ出版、2008年)、『αスペース──塚本由晴・坂牛卓のエスキスチェック』(鹿島出版会、2013年)。おもな作品に〈松の木のあるギャラリー〉(2013年、International Architecture Award 2015)、〈内の家〉(2013年)ほか。

平瀬有人　Yujin HIRASE
建築家、佐賀大学准教授

　1976年東京都生まれ。2001年早稲田大学大学院修士課程修了。早稲田大学古谷誠章研究室・ナスカ一級建築士事務所・早稲田大学助手を経て、2007年yHa architects設立。同年より文化庁新進芸術家海外留学制度研修員としてスイス在住。2008年より現職。共著に『やわらかい建築の発想』(フィルムアート社、2013年)。おもな作品に〈富久千代酒造 酒蔵改修ギャラリー〉(2014年、SDレビュー2014入選・JIA優秀建築選2015)ほか。

中野豪雄　Takeo NAKANO
グラフィックデザイナー

　1977年東京都生まれ。2001年武蔵野美術大学造形学部視覚伝達デザイン学科卒業。同年より勝井デザイン事務所勤務。2005年中野デザイン事務所設立。情報の構造化と文脈の可視化を主題に、さまざまな領域でグラフィックデザインの可能性を探る。現在、武蔵野美術大学、多摩美術大学非常勤講師。おもな仕事に『建築雑誌』(日本建築学会、2012-2013年)、『レム・コールハースは何を変えたのか』(鹿島出版会、2014年)、『長谷川逸子 Section1～3』(鹿島出版会、2015年)ほか。

佐河雄介　Yusuke SAGAWA
東京理科大学補手

　1985年福島県生まれ。2010年多摩美術大学大学院美術研究科修了。同年O.F.D.A.入社。2014年より東京理科大学補手。

図版・写真
*( )中の数字は図番号を示す

青木淳建築計画事務所 ─── p.17(11), 18-19
石上純也建築設計事務所 ─── p.53(13), 61
岩瀬諒子 ─── p.41(9), 48-49
岩間直哉、金塚雄太 ─── p.53(11), 59
北澤伸浩 ─── p.53(10), 55
中山英之建築設計事務所 ─── p.41(7), 45
ナスカ一級建築士事務所 ─── p.06(1), 29(11), 30-31
西沢大良建築設計事務所 ─── p.17(12), 22-23
村野哲哉 ─── p.53(12), 56-57
AL建築設計事務所 ─── p.41(6), 43
Julian King Architect ─── p.41(8), 46-47
studiometrico ─── p.29(12), 34-35

宇都宮市 ─── p.28(7)
大谷陽一郎 ─── p.52(8)
工作舎 ─── p.29(10)
神戸市 ─── p.17(10)
佐河雄介 ─── p.15(7), 27(5), 39, 51(5, 6)
中央共同募金会 ─── p.28(8)
武蔵野美術大学 美術館・図書館 ─── p.29(9)
山口情報芸術センター(YCAM) ─── p.52(7)
山本理顕設計工場 ─── p.06(2)
MAKI UEDA ─── p.15(6)
COMME des GARÇONS ─── p.40(4)

図解 建築プレゼンのグラフィックデザイン

2015年12月20日　第1刷発行
2016年1月20日　　第2刷

著者　　　　　　坂牛 卓　平瀬有人　中野豪雄
発行者　　　　　坪内文生
発行所　　　　　鹿島出版会
　　　　　　　　〒104-0028
　　　　　　　　東京都中央区八重洲2-5-14
　　　　　　　　電話 03-6202-5200
　　　　　　　　振替 00160-2-180883

ブックデザイン　　中野豪雄（中野デザイン事務所）

印刷・製本　　　三美印刷

ISBN 978-4-306-04632-0 C3052
©Taku SAKAUSHI, Yujin HIRASE, Takeo NAKANO,
2015, Printed in Japan

落丁・乱丁本はお取り替えいたします。
本書の無断複製（コピー）は著作権法上での
例外を除き禁じられています。
また、代行業者等に依頼してスキャンや
デジタル化することは、たとえ個人や家庭内の利用を
目的とする場合でも著作権法違反です。
本書の内容に関するご意見・ご感想は下記まで
お寄せ下さい。
URL : http://www.kajima-publishing.co.jp
e-mail : info@kajima-publishing.co.jp